How to be a

Good Parent

Family education strategy

如何做个好爸妈

家庭教育方略

庞承伟◎著

中国社会出版社
国家一级出版社 · 全国百佳图书出版单位

图书在版编目（CIP）数据

如何做个好爸妈：家庭教育方略／庞承伟著．—
北京：中国社会出版社，2020.9
ISBN 978－7－5087－6404－7

Ⅰ.①如…　Ⅱ.①庞…　Ⅲ.①家庭教育　Ⅳ.①G78

中国版本图书馆 CIP 数据核字（2020）第 169705 号

书　　名：如何做个好爸妈——家庭教育方略
著　　者：庞承伟

出 版 人：浦善新
终 审 人：王　前
策划编辑：郑双梅
责任编辑：孙　研

出版发行：中国社会出版社　　**邮政编码：**100032
通联方式：北京市西城区二龙路甲 33 号
电　　话：编辑部：（010）58124831
邮购部：（010）58124848
销售部：（010）58124845
传　真：（010）58124856
网　　址：www.shcbs.com.cn
shcbs.mca.gov.cn
经　　销：全国各地新华书店

中国社会出版社天猫旗舰店

印刷装订：中国电影出版社印刷厂
开　　本：170mm×240mm　1/16
印　　张：16
字　　数：250 千字
版　　次：2020 年 11 月第 1 版
印　　次：2020 年 11 月第 1 次印刷
定　　价：68.00 元

中国社会出版社微信公众号

序一

贴近现实生活的道理更有价值和意义

认识庞承伟先生，是一次带领时哉时哉网络教育学院的师资团队，在青岛的论坛会议上做《论语》的心得分享，当时庞先生特别与我交谈，也留下了微信的联络方式，我们得以随时交流。几次互动后，感受到庞先生对于各方面议题都有独到的见地。这次很荣幸能先拜读庞先生的大作《如何做个好爸妈——家庭教育方略》，更使我感到非常乐意，能为此书撰文推荐。

时下教养书籍汗牛充栋，但这本书有别于其他的教养书籍。庞先生从他对中西哲学领域的深入理解和心理咨询的实际经验，加上大量阅读各类资料所得到的精要收获，与身为父亲的教养心得，整合出这本教育著作，可谓字字珠玑，不只适合家长，更适合所有在教育现场的教师，以及关注教育、终身学习的各界朋友们阅读。

我推荐本书的理由，主要有以下四点：

一、以事理互彰观察教育现况

在本书中的每个章节，都有“案例”与“点评”，在“案例”中突显现代教育环境中的实际现状，在“点评”里庞先生提出个人的理解。

关于现代家长照书教养儿女的案例上，庞先生点评中说：“要把书本和经验结合起来，不仅形成明确的指导思想，而且要有符合孩子特点的方法和策略，不能用别人的思想教育自己的孩子。”

对于中美两国教育的比较案例上，庞先生认为：“把基础教育与应试教育分离，就会给重基础与重创新有机结合创造无限空间，真正的素质教育也就成为现实。”

引导孩子学习，庞先生更举出自己与孩子小学时分享王国维《人间词话》中的三种境界，但对话中让孩子提出不同意见，更重视孩子的独立思考内容。后来他的孩子上初一写了一篇人生目标的文章，就谈到了人生的三种境界。庞先生说：“我知道我的引导在他的独立思考中发挥了一定作用，也知道他以治学的境界引申到人生的境界所做的思想准备，他懂得立志高远要独上高楼忍受寒彻孤独，懂得为了实现自己的理想要经得起衣带渐宽，也懂得只要勇敢、坚韧，总有一天能看到美丽的风景。我很欣慰：我的儿子已经有了完全独立的思想品格。”

《宗镜录》云：“理彻于事，事因理成。”贴近现实生活的道理，才更有了实践的价值与意义。

二、依严谨态度审视教育问题

庞先生在论述“案例”时，不是为夹带个人化感受的评论，而是从哲学、心理学、教育学、伦理学等各个视角切入，客观且严谨地进行剖析，务从这些“案例”中萃取并提供教育下一代更完善的思路与更适当而实用的途径。

如提及《武汉晚报》的一则新闻，一位考上湖北科技学院的男生，他的母亲担心儿子无法自理生活，竟买了30双袜子，还每个月去学校帮儿子做一次总清洗。庞先生举苏格拉底“求知是每个人灵魂里固有的能力”，阐述“教育即生长”的道理，谈孩子四个自立的要件：显在眉宇的阅历、长在心底的志气、融在血液里的骨气、刻进生命里的坚强。

又如，提到家庭教育中的夸奖方式，庞先生分析：夸奖过多过滥，物极必反；夸奖掩盖问题，给孩子留下成长陷阱；夸奖用词不当、定位过高，影响进步。从而谈到“夸奖要科学，要讲究方法和原则”，提出：夸奖的话要准确、具体，重在描述，不在评价；有所夸有所不夸；夸具体情节不夸抽象定位。

三、从跨界角度引述教育理念

细读庞先生的书，并非夸夸其谈地抒发他的个人思想，有孔子“述而不作”的精神贯穿其中，却又掷地有声地表述个人洞见，让人屡屡从中得到拍案叫绝的启发。

书中引用的言论，不单限于哲理或教育学，还有文学作品、科学报道、统计资料等，有东方哲理也有西方思维，有理性也有感性的视角，有深厚的理论也有浅显的概念，有借他山之石也有自身经历。阅读过程中，可以发现许多金句箴言，更多时候需要静静地体会、思索，感受作者字里行间所隐藏的细腻心思。

比如，庞先生谈到孔子的教学，是将学习当作乐趣，因此，“书山有路勤为径，学海无涯苦作舟”应当改为“书山无路趣为径，学海有涯乐作舟”。

又如，对比各种少儿艺术达人的比赛，都不如中国汉字书写大赛，因为“民族文化、智慧、毅力、品格的较量才是脚踏实地的竞赛”。

还有庞先生结合各种主要个体心理发展理论，对成长阶段的譬喻与“三岁看大，七岁看老”的剖析批注，这更是从未见过的教育观点，甚具前瞻性！

四、用明确列点提供教育方法

庞先生除事理兼顾地分析、探讨教育问题，也提出很多实际的操作观点与步骤，例如：“父母和学前机构四个不能回避的能力”“个体全面评价的四个维度”“与孩子共同成长的四个方面”“对最佳父母角色的七个要求”“逆反成病的四个原因”“0 到 22 岁的特征及教育策略”，乃至最终篇列举家庭教育中的困惑与对策十六则等。

文末，庞先生说他“尽力避免形而上学片面化和狭隘的经验主义羁绊”，但我更能体会到的，是他慎重并巧妙地将形而上的内涵化为形而下的运用，体现了如冯友兰先生书中谈到的“不离日用常行内，直到先天未画前”，那既有讲求实际却不致肤浅，既理想主义又是现实主义的内涵。

如庞先生书中所言，古来中国有很多的“教子书”或“家规”，这些书成了许多宗族后代得以遵循并自我规范、建立人格的依据。我认为，庞先生的这本著作，绝对可以成为当代国人的“父母规”“教育指导手册”，更是值得人人收藏的“教学语录”。

多年以来，启蒙于恩师李雪庐（炳南）教授，我在台北故宫博物院服务期间，便开始在各地组织读书会，推广中华传统文化。台湾发生“9·21”大地震后，我与有志弘扬古圣先贤之道的人们一同组织了“中华无尽灯文化学会”，便在线下开办国学启蒙班，更先后在台北天母地区创建台北弘明幼儿园、弘明课后补习班，在福建顺昌创建新艺术幼儿园，让孩子们从小就能接触到传统文化的熏陶，养成士君子的人格特质；在线创办时哉时哉网络教育学院，借由经典、艺术、启蒙三方面，分别于腾讯视频、喜马拉雅播映公益课程，供人们学习并认识传统文化。

在庞先生的著作中，我多处见到他引用《论语》《大学》《孟子》《礼记》《弟子规》《三字经》，强调幼年孩童五德教育均衡发展的重要，以及孝道世代传承的重要性，还有“中学为体，西学为用”“巧用国学，趣味德育、寓教于乐”等教育落实，都与我本来的教育理念一致。我绝对认同庞先生书中所说：“中国扎实的基础性教育与西方开放式的创新教育有机结合，应当是较为完美的教育。”

在此诚挚地向各位推荐本书，也借此对庞先生这本著作给我的指导与启迪，表达深厚的感谢之意。

台湾著名儒学家
时哉时哉网络教育学院创办人　唐瑜凌
二〇二〇年八月

序二

一路走来，我学会了对自己负责

2011 年我以全额奖学金资格，来到美国攻读博士学位，我想父亲应该是最高兴的，但对一个超理性的人来说，当然看不到欣喜若狂，对他来说好像一切顺理成章。为了我的健康成长，他放弃了他的将军梦，也放弃了自己攻读博士学位的机会。他说："儿子成长的关键时刻父亲不能缺席，家族的永续传承不是一代人的成功能造就的，一个博士不如两代硕士，我期待的是儿子站在我的身旁，或站在我的肩头。"我第一次回国探亲，特意送给父亲一款当时最好的 iPad，背面刻着："谢谢！不管我飞多高、走多远，您永远是我敬爱的父亲。"当他拿到 iPad 时，长时间抚摸着刻在背面的这两行字，笑容里含着眼泪，低声说："这份礼物是用了心思的，它的价值不是物，而是心。"他所在意的不是礼物的贵重，而是精神期待。

父亲这本书的第一个主题是："家长有思想，孩子才能在正确的道路上行走。"这一点我深有体会。从 3 至 6 岁的思维方式、道德模式、行为方式的构建，到青春期的成长爆发、自我定位、青春恋爱三期合一期，再到对大学及大学生的认知，一路走来，我总是能在需要时，听到他那寥寥几句我困惑而又不确定的点睛之笔。长期以来，因为没有比较，我并没有深切感受，一切似乎很自然。随着社会阅历的不断丰富，我才逐渐认识到，尤其看到父亲的书稿，我才真正感受到父亲的思想和母亲的修养在我成长过程中的地位和作用。

"最有效的教育是自我教育，不管对父母和孩子都是如此。"我感到这是贯穿本书的一条主线，也是父亲反复说的。说句老实话，实现自我教育就是要我自己对自己负责，虽然有点累，但对于建立自信，以及父亲说的，在自信基础上实现自立、自强、自控是必需的。父亲说："小学的主要任务是实现智商向智慧的转变，而不是高分数，我希望你在小学高年级就能步入独立自主的健康可持续发展轨道。"我在四年级时，父母就很少提出强制性的意见，想要做什么都是我提出想法，父母只是讨论其合理性、可能性和现实性。父亲说："你的未来你做主，只要合情、合理和现实。"在初中时，父亲在外挂职，母亲在海的另一边工作，我报名参加全国数理化奥赛取得了三项大奖，我写的好文章，在校外辅导初中生物理，还有在高中期间撰写的有关生命起源的论文，父母都是事后才知道的。

父亲特别反对填鸭式的教学和低效率的学习，强调思维方式和学习方法的科学性。他说："从特定角度上说，做事方法事关智慧应用，在学习上一要专注，二要高效。"可以说，在这方面他是很苛刻的，只要发现他认为是笨办法学习和做事，是绝对要批评的。记得上小学时，一天晚上我在大声背诵面积公式，一个小时后，他敲门进来，告诉我：这几个面积公式不应该背这么长时间，要考虑一下方法，其实只需要十几分钟。随即我们一起从共同点、不同点、相互关系三个层次进行了梳理，也就用了15分钟。我说："如果这样考试，会得零分。"可爸爸说："我给你100分，因为这样知识才是你的而不是书本、书架上的。"

父亲十分强调角色到位。他说：学生身份是学习中的人，学生做错题、回答错问题是学习的过程，认识到这一点，才能勇于探索、不怕失败，才不至于丢失兴趣背囊，才能尝试得更多，才能不在所谓挫败中失去动力和自信；学生的学习是学校、老师和学生的事，学校是主阵地；孩子的品德表现是家庭、学校和社会共同的事，家庭是主战场。父亲从西安调到青岛时，除了4集装箱书，其他什么也没带，我在中学以前读了一大半。父亲的这种指导思想，给了我宽松、丰富、快乐的童年，不为100分，给我留出了更多发展多种兴趣、广泛阅读的时间，也为我未来快速发展打下了坚实基础。

小学毕业后，中学开学前的假期里，父亲让我精读了《形式逻辑》教材，并强调重点理解探求因果的逻辑方法。他说："永远不要迷信权威，对于有智慧头脑的人来说，科学的任何成果都可以存疑，从地心说到日心说，从牛顿到爱因斯坦都是这样发展的。要想打好科学研究的基础，逻辑工具不可缺少。"确实这对我帮助很大，我现在能成为一家知名高科技企业的机器学习科学家，与父亲早年的引导分不开。申博成功后，父亲说：从现在开始，你已经站在了我的肩膀上，我的意见和建议不会高于你自己的水平，以后你自己的发展和家庭建设都要听你的啦！

在我的心目中，父亲是良师慈父，确切地说更像老师。我读博时，父亲这本书只是完成了初稿，这些年他和以前一样，参加论坛、演讲、咨询不间断，笔耕不辍，现在终于要出版了。我了解父亲的用心，他接触了许多家庭教育的案例，他把家庭教育研究和实践作为他为社会做贡献的舞台。我寄希望这本书能帮到有需要的家庭，也希望我的父亲能得偿所愿！

庞昱彤

二〇二〇年九月

自　序

教育的真谛在于掌握孩子成长不同阶段的应对方略

我的大学时代是在20世纪，那是一个对知识如饥似渴的年代。非常幸运，我读的是哲学专业，尽管一开始并不知道哲学究竟是什么，拿到入学通知时以为哲学属于政治范畴。我们那个年代读书是很努力的，再加上我是靠助学金读出来的，四年只回过一次山西老家，寒暑假基本上是在图书馆度过的。许多世界著名的哲学家同时也是心理学家或教育学家，这让我有更多的时间系统地学习中外历史、哲学、教育学、心理学、伦理学等经典。因此，在奠定哲学基础的同时，也就奠定了心理学、教育学和伦理学的功底。1988年我再次回到母校，攻读硕士学位，研究方向是现代西方人文主义思潮，其实重点关注的是教育学和心理学，我的硕士学位论文是杜威的认识论，主题已经是教育心理学了。在写这篇硕士学位论文时，我的儿子一岁，因此也开始思考家庭教育问题，但只是零零碎碎写过不少文章，作为自己的学习体会和研究资料。

2004年我取得了心理咨询师资格，在咨询实践中接触了大量案例，也对不同案例做过深入分析比较。案例研究、咨询实践和亲子教育过程，尤其是对问题孩子的家庭成员总体观察分析，越发使我感到，家庭教育对于子女成长的重要性，绝不是我们一直以来理解的那么轻描淡写，与孩子共同成长是每个合格的家长必须做到的。

人的成长不是同一标准生产，而是充满变数的个性化辩证发展过程，就像古希腊哲学家赫拉克利特说的：“人不能两次踏入同一条河流。”教育者水平再高，也难以完全把握所有环节，即使注意到了所有的环节，也无法提供如同实验室一样的生存发展环境；即使竭尽全力基本把握了被教育者的生存发展环境，也无法预知个体生存发展中的种种偶然因素。因此，教育的真谛不在于让孩子在成长中不出问题，而在于掌握有关孩子成长不同阶段种种问题的应对方略。

2005 年春节，我开始从方法策略角度整体构思家庭教育的撰写提纲，随后用三年时间完成初稿。从 2007—2017 年十年的时间里，从体系架构到语言表述方式，经过多次修改。主要想解决三个问题：一是西方科学理论和先进经验的本土化问题；二是中国教育传统精髓的现代化问题；三是从理论与实践的有机结合角度提高接受度问题。呈现给读者的是第六稿，尤其是后三稿修改后，可以达到深入浅出的目的，其间大部分话题都在大学或社会教育机构做过演讲。从话题到案例、点评、观点、议论，都力求做到求真、求实、求是；力求以浅显的语言、流畅的表达方式，表明深刻的内涵。本书最早的书名为《教子方略》，意即子女教育思想、理念、方法及策略，后来改名更多考虑的是如何更加接地气，让大多数家长能更容易理解和把握。同时本书的创作过程也是在实践中的检验过程，许多章节不仅给不同层次的家长讲授过，而且在心理咨询中具体应用过，对有些家庭教育的远程指导也收到了良好的反馈效果。

前言

世界历史上，无论哪个国家、民族，无论在任何历史时期，都无一例外地重视教育。相比之下亚洲国家较为突出，中国尤甚。在当代中国，教育成为国家、社会、学校和家庭广泛关注的问题。无论在哪里，只要有社交一定会谈及孩子的教育。在几十年的独生子女政策框架下，孩子的学习和生活成了家庭和社会一切事务的方向标，整个社会好像都被教育绑架了。然而，关注、关怀、关心、关爱的爆表，并未使得孩子们感受到多么幸福，反而造就了数不胜数的让人痛心疾首的极端案例。富裕家庭一掷千金和普通家庭倾其所有似乎都远离教育本质。

当然，各类媒体曝光的极端现象，好像与大多数家庭无关。但还有一些现象诸如任性骄纵、性情乖戾，自我中心、缺乏爱心，学无兴趣、贪图安逸，丢三落四、生活无序，情感淡漠、意志薄弱等，却是每个家庭每天都可能遇到的问题，司空见惯而又常常束手无策，甚至焦虑担忧。

极端的也好，平常的也好，当遇到这些问题时，每一位家长和老师都想知道该怎么办。于是，报纸、杂志、网络上所谓专家名言铺天盖地，经验传授连篇累牍。然而，真正谈得上既专业又科学的不多，肤浅片面、哗众取宠、断章取义、狭隘极端的不少。不少此类书籍只是一些碎片化的心灵鸡汤或经验化、口号式的大杂烩。有些书从书名就能看出其明显的片面性，换个角度就可能变成谬误；有些所谓成功案例有明显的条件局限，并不是大多数家庭的可行之路。现代中国少有真正意义上的教育家，致使全民陷入教育困惑。

不能有效解决理论与实践、科学与经验有机结合，混淆个性和共性、一般和个别、特殊性和普遍性是目前有些育儿书籍的明显缺陷，所谓的流行读本只是肤浅而功利之人满足浮躁之人的“即时贴”。我们有些家长、老师甚至一些所谓“教育圣典”的作者本人都把这肤浅、片面的流行作品当作一般性真理推而广之，成为家庭甚至老师津津乐道的“育儿圣经”。在我的心理咨询实践中，一次次遇到步入此类误区的求助者，也许这就是我下决心完成本书的原因。

本书的创作路径基本是问题导向，话题、点评加议论，在议论中不仅说理，也提出应对策略和举措。同时，本书对个体成长不同阶段的普遍性问题及应对着墨较多，目的并不是让家长成为专家，而是让家长增强对不同阶段问题的认知。不敢说它是最好的，但可以说是较为系统、全面而富于哲理的；不求标新立异，只是想让普通家长们都能看得懂，在孩子成长的不同阶段都能有所参照。

目 录

话题一

让孩子尽早拥有自己的独立思想

——家长有思想，孩子才能在正确的道路上行走

思想观念是行动的先导，教育活动首先要成为有思想的行动。家长和老师的教育行为与其思想观念密切相关，观念上的偏差会导致教育行为的不当，老师会误人子弟，家长会制造悲剧。本话题强调的并不是有关教育具体问题的知识体系，而是阐述正确的思想观念或关于家庭教育的认知体系对家庭教育的重要性。

案例：

李红夫妇（化名）梦想自己的孩子能有出息，买了许多孩子教育方面的书，从怀孕开始天天看。生下女儿后，开始按照书上说的培养，但不知道该参照哪本好，看了哪本就照着哪本做，今天这样，明天那样。不仅如此，从幼儿园开始，开一次家长会回来，就会为孩子报这样那样的特长班。孩子上学后怎么也静不下心来，没办法适应学校的生活。小朋友不知道她在想什么，没办法和她一起玩；老师觉得这孩子不好管教，没有常性。孩子小的时候任家长摆布，可长大一点后，开始表现出极度的逆反，到了小学四年级无论如何也不愿意上学了。

点评：

这是一个父母没有自己的指导思想，更没有正确思想观念的典型案例，具有普遍性。看书是好事，但无目的地看一百本书，不如有目的地看一本书，理论和别人的经验要与自己的家庭实际、孩子自身的特点相结合，别人的做法可借鉴，但不能照抄照搬，更不可变来变去。教育单靠经验不行，单靠书本也不行，要把书本和经验结合起来，不仅形成明确的指导思想，而且要有符合孩子特点的方法和策略，不能用别人的思想教育自己的孩子。

人因思想而伟大，人因思想而崇高。不动脑子的教育是盲目的，没有思想的教育注定没有前途。

17 世纪英国的哲学家洛克也是个教育学家，他提出过“白板说”，对思维和理解也进行过深入研究。他说:“任何人做任何事，都依据某种看法作为行动的理由，不论他运用哪种（身体的和精神的）机能，他所有的理解力都不断引导他，所有的活动能力，不论真伪，都受这种看法的指导。”

在培养人的问题上确实有比教育活动本身更为重要的东西，如遗传因素、社会环境、家庭背景等，而这些因素如果离开了思想和观念将无足轻重。如果没有思想的指引，教育要么仅凭经验，要么跟风模仿。没有思想和理念引导的教育是盲目的，往往出现方向上的错误。

有思想，就会有理想抱负，有理想抱负就会有目标，有目标才会有行动。任何行动的起因永远都是思想，有持续的思想召唤，就会有持续的行动。只要想法切合实际而且够努力，一个人想什么就可能会得到什么，这在某种角度上说是真理，“梦想成真”就是其逻辑结果。当然，前提是你不会人云亦云，你是自己思想的主人。因为有自己的思想才会有适合自己的理想抱负，继而才会有相应的动力，思想永远是成功的最初动因。

没有明确的思想就不要指望会有正确的行动，正确的思想在教育子女方面十分重要，如果思想不正确，“无为而为”似乎是明智的，这本身就是重要的教育思想。大多数家长并不懂得太多的学问，但却拥有自发的哲学思想和逻辑思维能力，只是自己不知晓而已。这就是为什么有些农村家庭和城市普通家庭的孩子，父母并没有多高文化，孩子的成长却非常好。

每个人都有自己的思想、观念和理念，但秀才未必比老农更高明。有知识与有智慧是完全不同的概念，有知识的人也可能盲从，但有智慧的人一定不会盲从，因为有智慧的人一定有科学的思想、正确的理念、朴实的观念。

有思想的人再富依然会上下求索，没有思想的人再穷依然会无所事事。有思想的人只要生命存续就不会停止思考，也不会停止前进的脚步。现代西方著名哲学家尼采认为，自我教育是造就一个思想家的唯一途径，没有什么教育者，做好思想者，一个人应当只谈自我教育。书籍、知识、他人的思想只能拿来为我所用，而不应当成为目的本身。因此，真正的教育是引导孩子自己独立思考。所以，有朴实无华、立足实际、符合自己家庭条件和孩子特点的思想观念，并尽力让自己的孩子尽早拥有自己的独立思想，是家庭教育的明智之举。

想要成才先要有思想，追根溯源，有能之人首先是有思想之人。教育的目的是培养人，但成才容易有能难，“能”代表着主动、自主、独立，也代表着创造和发展，“能”属于自己并传递给后人，而“才”属于前人并不具创造性。有知之才、有经验之才与有能之才、有创造之才有天壤之别。在教育方面，与其天天想尽办法给孩子讲道理，喋喋不休地引起反感，不如让孩子自己尽快拥有思想。在教育问题上最应该教育的是父母，只有父母有了思想，孩子才会成为有思想的人；只有父母的教育观念科学了，孩子才能真正受益。

教育问题的思想与世界观、价值观、人生观、幸福观、成功观密切相关，应当视作认识教育问题、看待教育问题的思想方法，属于教育的方法论，对于子女教育具有牵一发而动全身的意义。因此，哲学、逻辑学是其基本的工具。比如说：任何问题都可表现为矛盾，子女教育问题也一样；要解决子女教育中遇到的问题就要抓主要矛盾，而且要抓主要矛盾的主要方面；具体情况具体对待是马克思主义活的灵魂，不同的孩子，教育定位不可千篇一律；一切依时间、地点、条件为转移，不同家庭条件、不同性格特征、不同智力水平的孩子以及孩子成长的不同阶段，要采取不同的方法和策略，要因材施教。这些是哲学角度，也是教育学角度的思想方法。又比如说：学生是学习中的人，所以学生是要做错题的，是要犯错误的，这既是哲学角度，也是心理学角度，还是社会学和伦理学角度的思想方法。

认知影响情绪，情绪引导态度，态度制约行为，教育首先要从思想认识入手。建构健康心理或调整不健康心理的规律或程序密码是：认知—情绪—态度—行为。人的行为问题最终要追溯到其认知。如果实践证实你的想法是错的，正是这种错误的思想引导了你的错误行为，那么，换一个角度或视角，改变自己的思想，也许会柳暗花明，改变自己的命运。

认知是人们心理状态的源泉，但认知不只是知识，而是对事物的看法，即思想认识，包括对知识本身的看法，正如孔子在《大学》中所讲："古之欲明明德于天下者，先治其国；欲治其国者，先齐其家；欲齐其家者，先修其身；欲修其身者，先正其心；欲正其心者，先诚其意；欲诚其意者，先致其知。"人的一切行为最终是由其认知的质和量决定的。认知的"质"指的是思想认识的真理性，认知的"量"指的是思想认识的丰富性。

教育要有思想，但要确立正确的思想。有正确的思想才会有正确的行动，有深邃的思想才会有智慧的行动。有思想的人，才谈得上有智慧，有智慧的人永远在人群金字塔的上端。因此，教育子女的最高境界是让孩子拥有思想，最聪明的教育是让孩子早早学会思考，早早养成思考的习惯，早早拥有自己独特的认知。

善于探索未知，才能有机会接近真理，思想的光辉来自对真理的发现和描述。腐朽的观念会麻醉人的意志，而积极的思想能拯救人的灵魂。在人的教育上，没有思想和固守错误的思想观念都将一无所获。

子女教育是一个复杂工程，目的、方法与策略同样重要。

教育的目的究竟是什么，许多父母并没有认真思考，大部分人认为读了大学、硕士、博士，继而获得了财富和地位，就是实现了人生目标，就算找到了人生价值，因而认为教育的实质是教授知识，其实真正的人生价值在于找到适合自己的生活道路，并在此道路上一步步地自我完善。正像德国存在主义哲学家雅斯贝尔斯在《什么是教育》中说的："教育就是一棵树摇动另一棵树，一朵云推动另一朵云，一个灵魂唤醒另一个灵魂。"老师和父母都应当成为孩子成长的灵魂工程师，而不是孩子获得财富和地位的"脚手架"。

著名哲学家费尔南多·萨瓦特尔在《教育的价值》里"致老师的一封

信”中对教育的价值做了精彩诠释，他说，教育是人成为人的事业，任何学科的价值都应当是指向人的，是一种使人从动物中跳出来，让人获得自由的活动，而不是关注学生的成绩。由此，人们应当关注的就不再是学位、官位或者物质财富，而是能让人获得幸福和自由的事业。有的人适合理性强的工作，有的人适合可操作性强的工作，有的人适合上大学，有的人适合上专科。找到适合自己的生活道路，表面上看可能靠经验、知识或命运安排，实际上最终靠的是由自己的思想指引的自我完善的生命过程。

教育是神圣的事业，也是一项复杂工程，在经济高度发展、知识高度普及、网络十分发达的今天，家长们、学校的老师们应当尽力具有哲学、逻辑学、心理学、社会学及伦理学的基本素养，而不仅仅是只有干瘪的教育手段和技能。智慧的家长至少是懂得儿童心理的，否则所有教育只能是盲目的。对于不具有这些素质的家长来说，与孩子一起成长，向专家求教十分重要。笔者经常与家长们探讨，在不知道如何教育时，就是咨询专家的关键时刻，因为错误的教育常常比孩子自己摸索更有危害，让孩子在错误的道路上前行，不如让孩子原地踏步。

子女教育是一门学问，需要经验，也需要智慧，更需要爱。没有科学的思维方式、思考习惯、思考方法，不可能有正确的思想和观念，即使有也只是一些无意义的符号；而没有爱，经验和智慧都不可能变成行动。

毫无疑问，明确的指导思想、方法和策略都是教育成功的必要条件，但思想来自对规律的认识，方法以事实为依托。思想揭示的是规律的普遍性，方法却必须考虑事物的特殊性，原因就是任何一种方法都与特定事实相关。在科学的思想指导下，学习人类已经拥有的知识和经验、了解事实的真相是付诸某种方法的基础。

教育的统一性、一贯性、实效性非常重要，家庭和学校应当在统一的思想指导下实施教育，尤其在家庭中，育儿的理念也应当是统一的，两种绝好的但相互冲突的理念并不比统一的一以贯之的一种理念更好。父母之间或父母与祖辈的教育理念相冲突，相互不配合，要么让孩子无所适从，要么让孩子钻空子，一次次地逃避应负的责任及由于不负责任而受到惩戒。就效果而言，两种不同的教育理论或思想，如果能得出相同的结果，那么简单的那个最好。正如亚里士多德所说：到达目的地应“选择最短路途”。

哲学思维用于个人成长就是以智慧的方式追求自我完备，而哲学思维不只是哲学家才有。

德国拥有众多诺贝尔奖获得者，原因很多，但有着深厚的哲学思想和逻辑传统也许是最重要的原因。2010 年，北大元培学院模仿牛津和哈佛开设了 PPE 专业，PPE 是哲学、政治、经济三个英文名词的首字母，在中国 PPE 是新型复合专业，目标是培养思想素质高、思维能力强，学识广阔、基础扎实、适应力强的领导型人才。在 PPE 专业中哲学排在首位，因为哲学左右人的人生观、价值观、世界观，哲学学习是走向世界的企业家以及引领世界的艺术家、政治家、外交家的智力体操和思想储备。

一个人如果进入哲学思维状态，他就拥有了哲学作为思维方式的一般特征。哲学用于个人成长，说到底是以智慧的方式追求自我完备。

哲学思维在个人成长中运用的基本路径是：相信一切都是变化的，相信一切依时间、地点和条件为转移，相信占有时间就能为向好的方向发展变化创造条件，相信事物的真正价值在事物的发展过程中，相信每一次失败和成功都能满足成长和发展的需要。基本方法是辩证法，主要的工具是演绎、归纳，基本的过程是溯因及果。

真正的哲学思维只有少数人具有，但朴素的生活哲理大多数人都有。普通人对哲学家所大惑不解的问题终身不疑，甚至从来都没有思考过，因而人们总是难以跳出经验的狭隘藩篱。然而这并不意味着哲学高高在上、高不可攀。实际上，哲学的问题深深地蕴藏在日常生活当中，并且与我们的生活密切相关，只不过我们缺少使它们“浮出水面”并上升到哲学高度的理论思维罢了。我们可以不关心自然科学的进展，直接利用它的成果就可以了，但不能不关心哲学。因为哲学所涉及的不是生存的手段和工具，而是生存的目的、理想、智慧和方法，是我们每个人都应该关心的问题。哲学思维和逻辑思维在使孩子的智商转化为智慧过程中是最重要的甚至是唯一的。

一切依时间、地点、条件为转移，具体情况具体分析，是辩证法的精髓，在教育问题上可理解为一切依据成长阶段、家庭背景、个性特征、现实条件为转移。

目前有许多流行的所谓“心灵鸡汤”“至理名言”“专家名言”，我们随便都能找到几本所谓教育孩子方面的畅销书，有启发不假，有些甚至可以说是非常有启发，但照此模仿终不得其要，只要不是在特定条件、原则下的系统论述，都不具真理性，也就不具有普遍参考价值。

俗话说：“好马不吃回头草。”可俗话又说：“浪子回头金不换。”问题是好马未必就是浪子。俗话说：“一个好汉三个帮。”可俗话又说：“靠人不如靠己。”这只是说出了矛盾的主要方面和次要方面各自的不同作用。我们看到的好多所谓畅销书，都只是从一个角度谈问题，换一个角度就说不通，所以看了归看了，碰到实际问题都用不上。为什么会这样呢？从哲学角度非常好解释。这就叫“对立统一”，完全对立的两个观点可能“在一定条件下”实现统一，也可能“在一定条件下”向相反的方向转化，统一和转化的前提就是具体情况具体分析。关键就在于一切依时间、地点和条件为转移，在教育问题上可理解为一切依据成长阶段、家庭背景、个性特征、现实条件为转移。

道理许多人都知道，即使不了解，通过学习也能基本掌握，但知道是一回事，运用却是另一回事，因为大部分人对事物发展的条件及相对性置若罔闻，不懂得任何事情都是有条件的，“一切依条件为转移”，任何大道理都只有在一定条件下、运用科学的方法具体情况具体分析才能奏效。

天时、地利、人和是做事成功的三要素，就教育而言，在适当的时候做适当的事，成长的效率就会很高，人生遇到的困境也相对较少。人生需要策划，成长更需要指导，天才往往是在适当的时机作出了适当的选择，而蠢材不一定是天生的笨蛋，而有可能是选择了不适合的时机、条件或不适合的道路，所以生涯教育很重要。

一个孩子每个个性的表现，对这个孩子的成长都有意义，对社会发展可能就是新的突破或新的纪元。

尊重个性就是尊重人才，没有个性就没有人才，从某种程度上说，老师和父母的责任就是把握孩子的个性，引导其健康发展。

现代西方社会思潮中法兰克福学派的代表者马尔库塞 1964 年发表了《单向度的人》，提出了“单面社会”和“单向度的人”的概念，基本思想是：在发达的工业社会里，批判意识已消失殆尽，个人已丧失了合理批判社会现实的能力。所谓“单向度的人”就是指丧失这种能力的人，就是丧失了否定性和批判性原则，丧失了把现存的世界同哲学的准则所揭示的真实世界相对照的习惯，丧失了个性。在思维方式方面，“单面社会”把否定思维变成肯定思维，面对社会现实，人们更多的是采取一种盲目接受的态度，对社会现实采取一种非理性的盲目认同。这种盲目认同钝化了人们对现实社会的批判意识，把理性畸形化为技术合理性。在当代中国，长期形成所谓有权、有钱的成功趋向，明显地暴露出单向度的弊端。

从教育侧面看，强调共性而抹杀个性会导致严重的同质化发展，老师和家长乃至整个社会说话都是一个声音，一个观点，一个论调；学习和考试是一个内容，一个模式，一个答案。总之，一切都要求整齐划一。于是大家一律朝一个方向走，不管这个方向是不是自己想要的和心甘情愿的，不管这个方向是不是唯一途径，也不管这个方向是否真的能通向美好的未来。在这样一致的步调、灌输、指挥下，一切似乎都有答案，而且既是标准的，也是唯一的，不是黑就是白，不是好就是坏，不是左就是右，不是英雄就是混蛋。在长期的同质化教育下，不健康的绝对化心理理念不知不觉深深扎根，这种集体心理的不健康导致的直接结果就是许多可能的人才在早年就被埋没了，甚至这些“人才”自己都不一定了解；更为可悲的是这些本身拥有天才和智慧潜能的人往往会被视为“异类”，面临生存和发展困境，一个个本来卓越的心灵却误入歧途。同质化扼杀了个性发展，也就扼杀了自由意志，最终扼杀了开拓创新。

美国《世界日报》撰文称：“个性、价值等虽然早已在中国人的精神世界萌芽，但当面临现实选择时往往会遭到舍弃。多数人理性地规避了自由与不确定性，选择了眼前的安逸与周围羡慕的精神自足。然而，任何职业选择如果脱离了个人追求、能力与职业要求相契合的原则，便只会制造悲剧，体制内的安逸必然带来精神枷锁。”其实，从教育的真正目的来说，学校要做的是让百花争艳，而不是一花独放；家长要做的是让孩子成为他自己，而不是刻制与别人相同的模板。老师应当欣慰的是“青出于蓝而胜于蓝”，而不是按照自己的意志中规中矩；家长应当自豪的是：“自己的孩子站在自己的肩膀上，而不是站在自己的身旁。”而要做到这一点就必须允许差别和不同，一个人的价值不在于模仿，而在于创造。如果一个人成了饭碗的附庸，他的人生将不属于自己；如果一代优秀的年轻人不断被体制吞噬，整个社会将停滞不前；教育一定要给孩子们个性发展的空间，国家、社会和家庭不要“强加”所谓成功模式，社会才能不断进步。

中国目前仍然是大班制，学校和老师关注的只是共性，这当然不是学校和老师的过错。然而，每个孩子都是有不同于其他孩子的个性的，老师按照共性标准批评孩子的“不好”表现，在一定角度可能恰恰是孩子最闪光的地方。

“适合自己个性发展的人生才是成功的人生”，笔者一直在思考这个命题。在笔者的教育和心理咨询中，尤其是在笔者自己的成长史上一次次得到印证。2014 年 11 月 4 日，第六届全国数控技能大赛决赛开幕式上，一个叫周浩的男孩代表参赛选手进行宣誓，他的一举一动时刻吸引着媒体记者们的眼球，他的特别之处并不在于他的精湛技能，而在于三年前他从北京大学退学，转学到北京工业技师学院，从众人艳羡的高才生到普通的技校学生，从北大生命科学研究院人才储备军到如今还未就业的技术工人。这样的转变让人惊讶，然而正是这个转变，成就了周浩其人。在当年的高考中，周浩考出了660多分，是青海省理科前5名。父母、亲戚及学校的老师都认为这样的成绩不上清华、北大简直是浪费，而遵父命上北大并不符合周浩的个性特征，没有兴趣的专业让他痛不欲生，每天接受的都是纯粹的理论更让他头脑发胀，因为从小他就是个动手能力极强、喜欢不停拆装机械设备的孩子，他的个性就是科研技术而不是理论思考。于是周浩作出转学的决定。谈起当年的决定，他说："毫不后悔，很庆幸。"这是一个极具代表性的案例，应当引起学校老师和家长们的深入思考。

形式逻辑上有个"白马非马说"，意为没有抽象的马，有的只是白马、黑马、枣红马，或者大马、小马，或者张家的马、李家的马。谁也没有见过不具有品种、颜色、大小等特征的马。教育孩子也一样，每个孩子都不同，每个家庭也各不同，我们看到的都是个体的家庭、个体的孩子。教育孩子要以人为本，就要从孩子的个性特征出发。科学的做法是家庭及家长、学校及老师都要尊重个性、保护个性，为个性的发展和展示提供支持和环境。

很多人总是在别人设定好的世界中挣扎，而忘却自己，人成长中的许多痛苦都源于此。我们身边有不少聪明而又富于探索性的孩子，在上学早期与学校和老师发生种种冲突，最终问题的解决往往是学生让步。学校和老师总是想尽办法，让这些孩子感受到自己与别的孩子不同是不正常的，应当改变。也少有家长会支持孩子的独立探索，然而，恰恰这些不同于大众的探索，无论对于国家、民族还是对于个人发展却是非常珍贵的。就未来的发展而言，个性是每个人成为他自己的最重要基础，不存在共性的孩子，只存在孩子的共性，即使在同一个家庭背景下成长起来的人也有明显的个性。

笔者的儿子在上小学期间与学校及老师发生冲突是常有的事，许多冲突在笔者看来主要的问题并不在孩子身上，但也不应该简单地归咎于老师，而是同质化教育与孩子的个性正常发展的冲突。好在笔者能及时给予正确的指导，否则孩子对于学习的自信和兴趣都将难以巩固和发展。可以肯定地说，有许多孩子在冲突中发生了方向改变，放弃了自己最珍贵的东西，对孩子来说这是悲剧。值得点赞的是，愿意关注这类问题的学校和老师、愿意关注自己内心真实声音的家长及孩子们越来越多了，只有这样的孩子才有机会保留好奇心、启动批判意识、挖掘创新路径，只有这样的人才能成为真正的人才。

哲学家尼采说："许多人的成熟不过是被习俗磨去了棱角，变得世故而实际了。那不是成熟，是精神早衰的个性的灭亡。真正的成熟，应当是独特个性的形成、真实自我的发现、精神上的结果和丰收。"个性不被忽略，等于得到肯定，孩子们会感到老师喜欢自己，家长为自己感到荣耀。每个个性的表现，对这个孩子的成长都有意义，对社会发展可能就是新的突破或新的纪元。

当然，保护个性是有前提的，个性不等于任性，更不同于心理变态和行为失常。个性往往表现为与别人不同，个性的意义是在共同的教育、社会、家庭系统中表现出的思维方式、学习方式、探究方式及其与此相关的性格和人格特征不同，而非对家庭、学校、社会规则的冲突与破坏。个性与社会性、大众性不应有冲突。

话题二

引导孩子确立科学的理想和恰当的目标

——不科学的理想是空想，不恰当的目标是浮云

人生不能没有理想，理想高低决定一个人的胸怀，有多大眼界就有多大世界，抱负远大的人必然使命在肩。理想在胸，就会有相应的目标，为了实现自己的目标，就会去学习，去探索，去奋斗。然而，不科学的理想是空想，不适当的目标是浮云。

案例：

钟表店里有两个旧钟“嘀嗒嘀嗒”一分一秒地走着，为了培养小钟自立，它们把一个新组装的小钟放在中间。其中一个做父亲的旧钟对小钟说：“来吧孩子，你也该工作了，可是我有点担心，不等你走完 3200 万次，恐怕就会感觉吃不消了。”“天哪！3200 万次。”小钟吃惊不已。“要我走那么多次？我可办不到，绝对办不到。”另一个做母亲的旧钟急忙安慰说：“别听它胡说八道，不用害怕，你只要每秒嘀嗒摆一下就可以了。”“摆一下，这太简单了。”小钟说，“如果是这样那我就试试吧。”小钟很轻松地每秒钟“嘀嗒”摆一下，不知不觉中一年过去了，它摆了 3200 万次。

点评：

成功并非远在天边遥不可及，如果人们总是实现不了自己的目标，许多时候是目标太大，路途太长，让我们倦怠和怀疑自己的能力，从而放弃努力。其实，目标应当是一个体系，多个系列、若干层次，只有把大目标分成一系列的小目标，努力达到小目标，才能使一个个小成功构成大成就。

思想产生信仰，信仰产生力量。一个有思想的人，一定会有信仰，而有信仰的人一定会有理想，有理想的人一定会有行动。

正如古人所说：“思之深则行之远。”有梦想的人，会想办法把心里的梦逐步挪移到自己的现实生活中，他会安排自己，也会顾及家庭，还会考虑社稷，故而会“修身、齐家、治国、平天下”。

一个没有远大理想的人不会有宽广的胸怀，他会为一个职称、一级工资、一次不愉快的争执、别人的一个脸色耿耿于怀、迷茫心智。而一个有远大目标的人不会为一次次小小的不顺利停住前进的脚步。

理想首先是前瞻的，眼前能做到的事情不叫理想，而是现实。当然，有理想是一回事。现实与理想之间有距离，要实现理想就要以实际行动把现实变为理想。

理想与空想不同，理想是有条件的，往往与可能性紧密相连，在遵循客观规律的前提下，充分估计自身的条件，充分掌握现实飞跃的可能性，作出的人生规划就可以看作是理想。远若浮云，不切实际地坐而论道，不具备可能的条件的想法叫作空想，思之无益。

生活不是做数学题，即使具备了所有条件，也未必能得出像数学题一样准确无误的结果。

数学题是有条件的，而且是一个封闭系统，但生活中的条件都是开放的，与其他环境有着千丝万缕的联系。应当应分的事，不见得能成为现实；表面上看完全不可能的事，不见得没有实现的可能。生活中的遗憾或意想不到的事远远多于做错的数学题。

目标应当是灵活的，应当是个多项选择题，而不是僵死不变的。这就要求，人们在确立目标时、应对生活时，要准备多种选择路径。

对个人来说，假如目标是从最低到最高的一个系列，既有利于减压，也有利于积累成功。一个人只要自己有动力，只要目标是科学的，总会有办法实现自己的愿望。

人生时时都要选择，也时时必须选择，但如何选择却有高低、优劣之分。

爱因斯坦曾谈到时间和空间、质量和能量的关系。大意是，提高自己的质量，才能加大自己的能量；占有和拥有时间，才能拥有更大的生存空间。一个人可以选择放弃不想做、不愿做、做不好、无时间做的事，但绝不能放弃选择，就像有些事你可以不做，但你一定要做事。

选择往往与自主生活相伴，方向、目标、规划、计划这些词只与自主的人生相关。目标和方向本身就是选择的结果，也是自主的结果。被动的人蹉跎岁月，表面上明日复明日，实际上没有明日，他们的明日属于命运，而听任命运的摆布、随波逐流无须主动选择。自主的人拥有时间，总嫌明日不够，总害怕明日太短，对他们来说，明日转瞬即逝，实际明天很多很多，因为他们会抓住每一个明天。当方向、目标明确后，奋斗的方式、方法、途径及方案仍需选择，只要想自主生活，当自己生活的主人，就时时需要选择。

有的人有背景，有的人有背影，两种人都可能成功。但选择背景并利用家族关系背景的人，时时要出卖亲情；到处寻找关系当作背景的人，时时要出卖灵魂。这种人的成功属于别人，而不属于自己。选择背影的人要么付出辛勤，要么付出智慧，他们才既拥有亲情，又拥有灵魂，这种人的成功属于自己。选择背影的人的一生或多或少能留下自己的东西，可以无愧地告诉地球——我来过；而选择背景的人的一生留下的没有真正属于自己的东西，只能告诉父母——感谢你们给了我生命。额头上的汗水和眼睛里的泪水，你总要选择一样，聪明之人、大智之人会选择额头上的汗水。

在中国企业家网上看到360公司创始人周鸿祎在微博中如是说：我希望未来10年不是一个拼爹的时代，有背景这个词用得越来越少。我希望每个人，只要勤奋、聪慧、敢于冒风险，都有机会实现梦想。我希望每个人都能有机会做自己喜欢的事，不再以赚大钱作为成功的衡量标准。我希望这不是一个白日梦，而是能实现的中国梦。

目标对人的一生非常重要，目标方向和高度确定之后，与之相应的心理需求模式也随之产生，任何方向上的偏离都将更加远离目标，科学的目标才能使这种重要性得到体现。

有许许多多人总喜欢说："我只想成为普通人，过自己的平凡日子。"因此，大部分人真的成了普通人。问题是想成就伟大事业有什么不好吗？当然不是。那么，为什么你要说只想成为普通人呢？只要稍微诚实一点，就应当承认，那只是自己不努力、无追求的借口。把"成为普通人"作为实在的表白，抑或是对人生意义的误解，抑或是对努力奋斗的人们的"嘲讽"。人与人之间的差距就在这里，有目标的人在赶路，没目标的人在闲逛；有目标的人在奔跑，没目标的人在散步。如果你不知道去哪里，那么，在前进的道路上，来自任何方向的风都不是顺风。目标正确、过程合理、动力充足，想不成功都难，水到渠成一定是必然结果。

人们总以为生存需求的满足、物质财富的获取是前进的动力，因而，认为当大官挣大钱就是目标。然而，这种动力是有限度的，一旦生存需求得到满足、物质财富足够享用时，这样的动力就会失去，有的人甚至刚刚解决温饱，就会成为行尸走肉，这正是所谓"富不过三代""官不过两代"的原因。试想一下，如果一个人生来就有一个富裕的家庭，或生来就有一个高官父母，他可以毫不费力地获得财富和地位，他感受到生命的可能就是衰败和枯竭。而精神追求却是无止境的，人作为有灵魂的存在，就在于人可以有思想，可以有远超于物质存在的强力意志和自由精神。因此，人只有以生存为基础，以思想为动力，才能如寰宇运行，自强不息，不懈追求。有思想的人为生存而努力，但不限于生存；为财富和地位奋斗，但不止于财富和地位。真正有思想的人，就像一架"永动机"，不停歇地实现着自我，无论多么贫穷或多么富有，他们的生命总是闪耀着光辉。

家长对孩子成长提出的目标、方向和作出的规划、方案，在目前的教育体制、制度和条件下，成为孩子能否成才的关键因素，而家长有三种选择：一是按自己的期望教育和培养；二是跟随社会风潮赶时髦；三是根据孩子的先天遗传素养、人格类型、性格特质、智力水平，围绕孩子的个性特征引导孩子自主成才。按照自己的愿望培养孩子的大有人在，跟风模仿的人更多，而根据孩子的具体特性培养自主发展只是少数，这才是问题的关键。

人生本有千条路，偏偏都挤独木桥。每个孩子都把北大、清华、耶鲁、哈佛当成唯一目标，把当大官、大款、大腕儿当成人生成功的唯一标志，所有的孩子都在刻制相同的模板，都挤在同一条生存之路上。孩子们没有童趣童真，没有个性舒展，也没青春的风采，只有上课、补课和作业。人生需要处理的人与自然、人与人、人与自我三大关系均被别人与书本替代，孩子们活得那样艰难，正如资深媒体人石述思所说："孩子们一生下来就老了。"

人一定要有目标，然后是目标要正确。目标首先要适合自己的现实基础、性格特征、人格类型。一个人的能力有其基本的结构，在此基础上的智力、体力和心力要协调平衡，能力结构才能稳定，任何一力的明显不足都要调低整体目标期望值，或调整成长发展的方向。"三力"的结构与水平如同木桶理论揭示的道理，以其中最低的一极确定成长发展目标的高度是明智的。在"三力"中，心力是平衡力量，如果智力超常，体魄强健，心力取值即可调高；如果"三力"中有一力较弱，心力取值需要下调。做父母的要清楚自己孩子"三力"的基本状况，不可盲目攀比。在一种情况下，培养孩子要强是好事，但在另一种情况下，培养孩子要强可能会毁掉孩子一生的幸福和快乐。

心理学教授保罗·奥基佛和匹兹堡大学阿达本·伊利亚的最新研究表明：一旦产生目标定向，与之相应的心理动机模式便随之产生。目标定向后有两种表现形式，即掌握型和表现型。对于性格坚毅、直面挑战、渴望学习的人来说，掌握型特征的人较为适合。而表现型特征的人可以促成升职、成绩优异等结果，但将为之付出代价，并受到不利影响。伊利亚表示：如果社会更多地关注学习的过程而非成绩，关注内在的进步而非外在的表现，关注自身的能力而非外在竞争，人们的生活主题围绕理解与成长而不是急于证明自己的实力，那么，社会将变得更为理想。

人要志存高远，但高远的目标只是模糊的志向，有志向即可，或出人头地，或留名青史，或成为科学家等都行，都能成为前进的动力，但不可具体为上北大、清华。在我看来，模糊的志向是动力，具体的目标可能是压力，因为模糊的志向往往与信仰相关联，对人的行为有牵引力，却未必有重力，而再小的具体目标也有重量，超越它也是一道坎。

每个阶段性规划、计划的实现，人们的视野会相应提高，能力会相应提高，社会给予你的尊重会相应提高，生活的自由度也会相应提高。

科学的个人成长发展规划，要具备科学的目标、个性化的能力、有效的支持系统这三要素，三要素重合面越多，个人发展成功的可能性也越大。

美国哈佛大学肯尼迪政府学院的学者创立关于领导者战略管理的“三圈理论”，即“价值、能力和支持——分析框架”，认为：实现公共管理的终极目的要具有公共价值、实施者一定的能力、政策作用的对象或民众的支持三要素，这样，就形成了三个圆圈（见下图），上边的圈是指公共价值，左边的圈是指能力，右边的圈是指支持，只有三圈相交，该政策才可得到有效执行，达到预期效果。反之，缺少任何一个圈，政策都将无法实施。由于这一理论可以用形象的三个圆圈来表示，故称为“三圈理论”。

“三圈理论”认为，成功的决策均可以基于“价值圈、能力圈和支持圈”三要素进行考量并追求其结构性平衡。对价值圈的质疑能够使我们的政策目标更趋合理，对能力圈的梳理能使我们认清实现政策目标的主客观条件，对支持圈的关注能够让我们以更加公平、公正的方式来整合不同群体的利益诉求，而对这三者的综合分析则为最终决策提供了可靠依据。

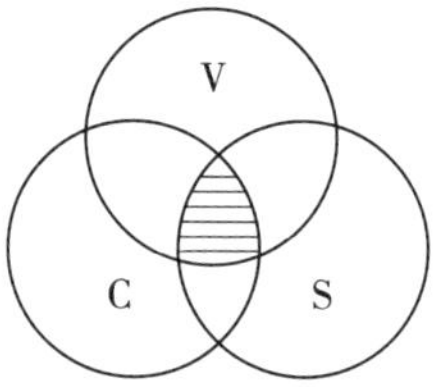

V-value（价值） C-capability（能力） S-support（支持）

“三圈理论”示意图

这个理论给了笔者很大启示，由此笔者提出了“个人健康成长三圈理论”（见下图），即目标愿景、个人能力、支持系统。一个人的成功或者对一个人的发展规划，基于目标兴趣的科学性、个人能力的可行性及支持系统的有效性。对目标兴趣的即时调整可以使我们的发展追求更具科学性，对个人能力的结构分析可以使我们清楚地看到自己的主观条件，对支持系统的评估考量可以使我们看清发展中能够利用及着力打造的支撑力量。在这里，哲学上的联系和发展的观点、具体情况具体分析的方法、主客观统一的原则都是基本的指导思想。

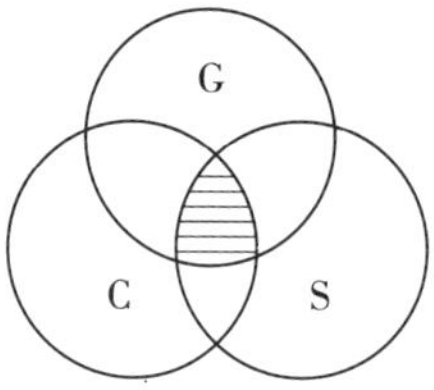

G-goal（目标） C-capability（能力） S-support（支持）

“个人健康成长三圈理论”示意图

家庭教育中，父母的困惑之一，就是孩子的成长目标和现实生活的矛盾问题。问题似乎就出在几个方面：目标单一，自古华山一条路。目标大而空，没有实施措施和步骤；目标过远过大，遥远且渺茫。目标不符合个人特点，追风赶时髦等。

基于笔者的教子理论研究和教子实践，笔者觉得，家庭教育的目标不能是唯一的，而应当是一个系统，可以有若干子系统；不应当是一个点，而应当是一个系列；不应当是一个层次，可以有若干层级，在每个层级都有若干选项。这样目标的压力就会大大减轻，追求目标的过程也将更加自如，否则目标本身就是前进的最大阻力，也是追求成长发展的最大包袱。

目标是变化的，最初的目标不一定是终身目标。不怕变目标，就怕没目标。不怕变目标，就怕天天变目标。有目标就有志向，但所有志向都要有行动支撑，正所谓立大志做小事终成大事。

话题三

素质教育需要系统思维

——生存能力、人文精神、道德意识、人格魅力、艺术修养，由低到高，系统构建，才是真正的素质教育

自从有了学校，有了考试，教育就有可能远离它原本的初衷，就有可能脱离社会、生产甚至生活，成为追求分数、名次和名校的工具。然而，这也只是可能，并非必然。关键是怎么办学、怎么教学、怎么考试。真正的素质教育并不只有考试分数一个指标，也不是多搞活动、多学技能那么简单，而应当是一个包括人性及人格塑造、生存及身心健康、发展及自我完善在内的多层次完整体系。

中国扎实的基础性教育与西方开放式的创新教育有机结合，应当是较为完美的教育。只要把基础教育与应试教育分离，就会给重基础与重创新有机结合创造无限空间，真正的素质教育也会成为现实。

所谓“古为今用，洋为中用”“中学为体，西学为用”的论断是十分科学的。“中学为体，西学为用”是19世纪70年代中国哲学代表人物张之洞在其著作《劝学篇》中提出的，“中体”是指以孔孟之道为核心的儒家学说，“西学”是指近代西方的先进科学技术。张之洞从调和统治阶级顽固派和改良派之间的矛盾出发，为洋务派提供了思想武器，也为中国的教育发展指出了一条可行之路。“古为今用，洋为中用”是毛泽东在1942年5月召开的延安文艺座谈会上，从文化的“源”和“流”角度阐明的关于文化建设的杰出思想：“古为今用”指弘扬古代文化的精粹，为今天所用；“洋为中用”指批判地吸收外国文化中一切有益的东西，为我所用。

杜威是当代西方教育思想大师，20世纪最著名的美国哲学家、教育家，美国进步主义教育运动的代表。1919年4月到1921年8月，杜威在华游历、讲学历时两年多，举行了200多场演讲，足迹遍及大半个中国，蔡元培和胡适对其有很高的评价。蔡元培说：孔子的理想与杜威博士的学说有很多相似之处。杜威的学生胡适说：自从中国与西方有文化接触以来，没有一个外国学者在中国思想界影响有杜威这样大。教育家陶行知先生赴美留学，也曾师从杜威主攻教育，学成归国，结合中国实际形成了有自己特色的生活教育理论。他通过兴办晓庄师范、育才学校实验基地，用大量的实践去检验自己的理论，走出了一条从理论走向实践，从别国经验走向本国特色的生存路径。可惜这样的实验也只是实验，并未能带来体制、制度、体系方面的变革。

读研时，笔者专门研究过杜威的教育思想，看了大量杜威的哲学和教育方面的文献，包括杜威在华两年游历期间的大量资料，笔者的硕士学位论文主题就是杜威的教育哲学。他的生活教育、活动教育理念和“探求因果的逻辑方法”对笔者本人理论研究以及笔者对儿子的教育产生了深刻影响。笔者的深切体会是，照抄照搬显然不可取，关键是能否灵活运用其精髓。西方人的语言表述方式、思维习惯并不完全适合中国人，杜威本人也反对中国照搬西方的教育制度与思想。他在谈到现代教育趋势时曾说：“一国的教育绝不可胡乱模仿别国。因为一切模仿都只能学到别国的外在形式，绝不能得到内部的特别精神。希望中国的教育家一方面实地研究本国本地的社会需要，另一方面用西洋的教育学说作一种参考材料，这样做方才可以造成一种中国现代的新教育。”“回顾你们的现代教育，不但存在肤浅的美国化倾向，而且教育上负有责任之官吏，竟将美国教育与现代教育制度视为一物。”“其实，作为一个有着五千年文明史的东方古国，又有孔子、老子这样伟大的教育家、思想家，为什么不从自己的祖先那里汲取有营养的东西滋养你们当下的教育呢?”

不仅杜威推崇中国传统教育思想，就连当代心理分析大师荣格与中国文化也具有深厚的渊源，他的心理学理论在中国道教中找到了印证，得到了启发，他在东西方文化的交流中起着重要的作用，目前在中国心理咨询领域十分流行的沙盘游戏心理分析方法就是荣格把精神分析与中国文化有机结合的产物。

中国式教育是以考试为核心的，高考而且是统一高考是所有学子遵循的“指挥棒”，为考而教、为考而学是学校、家庭、社会普遍难以逃脱的宿命。解决的办法是以应用为核心，为实践应用而教，为生活而学，高考尤其是统一高考的“指挥棒”就会失去作用，起作用的将是经济社会发展对人才的需求，取而代之的也会是各学校的自主招生，学校的教学体系会多样性、教学内容会差异化、学业标准会多角度，社会对于成才的标准和观念也会随之发生质的变化。正像杨振宁所说：“在教育上，不可妄自菲薄，也不可崇洋媚外，在教学上中国人要学西方多启发，西方人要学中国多做题。”

中国教育和西方教育各有利弊，不必崇洋媚外，也不要因循守旧，不能全盘照搬西方模式，也不能固守本民族的过时传统，而应以本民族的教育思想、文化精髓为基，吸收世界教育的科学理论和先进经验，真正做到古为今用，洋为中用。

中国的教育制度、体制、机制难以在短期内有突破性进展，这是目前“举素质教育大旗、走应试教育老路”的根本原因，但中国的教材体系、教师队伍、教学理念、教学方法却可以加快改革速度。中国的学校教育模式很难充分考虑学生的特点和个性，但中国的家庭教育却可以大有作为。

中国的传统文化中有关于教育的丰富宝藏，然而，在历史发展的变迁中逐渐被忘却，谁能真正做到古为今用，谁就能走出一条真正的成功之路。

中华文明五千年，真可谓“一字一文化，一词一价值，一句一智慧，一段一历史”。中国的传统教育思想不能丢，古为今用非常重要。人是要遗传的，文化也是会遗传的，割断这种遗传，就是文化虚无主义，这种虚无导致的结果就是公民整体素养迟迟得不到提升。

石述思在《石述思说中国》中直指中国当前教育功利化和工具化的弊病。他说：“也许没有一个国家的父母像中国家长那样溺爱孩子，但中国孩子的成长史却是一部与家长的 PK 史。”有西方教育专家将中国家长称为“直升机父母”，以爱孩子之名，自觉不自觉地驱使孩子完成自己未竟的人生目标，而不尊重其兴趣爱好。

从继承民族优秀文化传统角度，笔者赞成石述思的说法。在上一次现代西方文明和中国传统文化大冲撞时期，当时的教育家有开放的心态，也坚守传统，使中国传统文明与现代精神实现对接，推动国学的扬弃与传承。民国时期的教材《开明读本》便是一个代表，至今仍让诸多文化精英推崇备至。同期的教育家们以期在一个开放的年代，达到“巧用国学，趣味德育、寓教于乐”，学习、传承、弘扬中华民族优秀的道德品质、优良的民族精神、崇高的民族气节、高尚的民族情感以及良好的民族习惯之目的，值得我们学习和思考。

素质教育不是多安排活动那么简单，也不是多学技能那么容易，素质教育要建立在生存能力的基础上。

生存是人作为人存续的基础，也是人的素质教育的基础，而学校主要是教知识的，基本的生存能力只能是家庭和学前机构的责任。那么，我们的父母和学前机构应该做些什么呢？至少有四个方面是父母不能回避的。

一是处理日常生活事务的能力。对大人来说是柴米油盐，对小孩子来说是吃饭穿衣、自主作息。几岁就让他做几岁应当做的事，2 岁自己吃饭，3 岁自己穿衣，4 岁出门自己走路，5 岁学做家务，6 岁自己背书包，这本来就应当是一个人成为人的基本过程，在这方面父母应当做的只有两个字——“培养”。

二是应对风险忧患的能力。白天能知黑夜会到来，晴天能知雨天会到来，有忧患、会预防，孩子在哪里你都会放心。在这方面，父母应当给孩子的是经验和常识，而不是替代孩子做他们自己应当做的事，你对孩子的无微不至换来的只能是孩子的时时风险。

三是坚忍突困的能力。人生在世，谁都会有困难。对于孩子来说，摔跤了不要大惊小怪，让他自己爬起来；考试成绩“不理想”，告诉他“只要你努力，这都不是事儿”；同学之间矛盾冲突也都要在父母指导下自行处置，久而久之自然就会遇困不抱怨，遇事不焦虑，处理复杂事件知进退，坚忍前行，不管风吹浪打，胜似闲庭信步。

四是重大灾难的应对能力。天有不测风云，人有旦夕祸福。对急病急灾要有应对办法，做到有病无大困，有灾无大难。

这四个方面都是最低层次的需求，笔者说的不一定全面，也许从其他方面看会有别的说法，但真理只有一个。要想做事，先学做人；要做大事，先做能在任何情况下生存的人。有了这些能力，人才能生存；能生存，才有成就大事的可能。世界上成就伟业的人大都是生存能力极强的人。

素质教育是一个系统工程，要致力适应终生健康可持续发展和社会需要的必备品格与关键能力。

对个体的全面评价有四个重要维度：信仰与价值取向、认知层次与水平、心理状态与表现、道德行为与人格。因而，对人的培养至少包括价值观念、知识水平、心理状态、道德品位四个方面。因此，四个维度的培养缺一不可，而这四个维度只有在全面发展中才能充分体现。

亚里士多德师承柏拉图，认为理性的“德智体（身体、德行和智慧）全面发展是教育的最终目的”。他赞成雅典的健美体格、和谐发展的教育，把天然素质、养成习惯、发展理性看作教育的三个源泉。

法国杰出的启蒙思想家卢梭在1762年写了《爱弥儿》，这是一部哲理小说，也是一部教育论著，副标题就叫“论教育”。他从自然哲学观出发，主张让儿童接受自然教育、劳动教育、自由平等博爱的思想教育。他笔下的爱弥儿，既有哲学家的头脑和判断力，又有劳动者的体格和手艺，而且还有品德高尚、博爱仁慈的秉性。这种主张全面教育的思想，在教育史上掀起过一场影响巨大的革命。

美国近代著名哲学家、教育家约翰·杜威教育理论的显著特点就是强调“教育即生活、学校即社会”，强调提高生活能力和参与社会经济发展的能力。他的思想影响了美国几代人，至今仍然影响着美国人的思维方式和行为模式。

2010年，科恩兄弟翻拍了约翰·韦因的老片《真正的勇气》，在中国翻译为《大地惊雷》，这部影片使得“决定孩子成功最重要的因素是20%的智商和80%的情商”的说法直接OUT了。整个美国被一种全新的教育理念席卷，那就是坚毅（Grit）。Grit，在古英语中原意为沙堆中坚硬耐磨的颗粒，翻译为坚毅，但含义要比坚毅丰富得多，它是包括坚持、坚韧、坚强在内的，对目标持续的激情及持久的忍耐力，是永远不忘初心、专注投入、坚持不懈的发展状态，是一种包含了毅力、自我控制、好奇心、勇气、责任心以及自信心在内的自我激励、自我约束和自我调整的性格特征。

瓦西里·亚力山德罗维奇·苏霍姆林斯基是苏联的一位教育家，在世界教育史上也留下了丰富遗产。他强调学生作为个人的整体和谐发展，他的思想中最集中的也是最深刻的一个观点是，要把青少年培养成为全面和谐发展的人，社会进步的积极参与者。他既提出了明确的教育目的，又提出了具体的“五育”任务：“智育、体育、德育、劳动教育和审美教育深入地相互渗透与相互交织在一起，使这几个方面的教育呈现一个统一的完整的过程。”在论述“五育”时，既强调了各育的“相对独立职能”，又阐明了在实施过程中必须相互联系，相互渗透，相辅相成。

教育的本质就是教养合格人才，对国家、社会和家庭都是一样的。判断教育成败有四条必备标准：一是人格全面。不光看智商，还要看情商；不光看分数，还要看德、智、体、美、劳是否全面。二是尊重成长规律。根据生理和心理发展阶段，适时、适度、适量实施教育，不滞后也不跃进。三是拓展个性空间。针对孩子的天赋秉性、兴趣爱好，搭建多姿多彩的发展平台，使孩子的个性自由发展。四是符合社会需求。注重孩子的实践和创新能力，更好地服务于经济和社会发展。

“德、智、体、美、劳”全面发展是一代伟人毛泽东提出的教育标准，其实就是素质教育的基本要求，关键是如何理解和落实。德育不是有道德那么简单，关键是老师和家长都当有道德的人、做有道德的事，从而让“从善如流”成为孩子的思维和行为习惯；智育不是只要分数那么肤浅，而是引导孩子把智商转变为智慧，把知识转变为丰富的思想和思维能力；体育不只是为了金牌竞技，而是培育有强健的体魄和对相互理解、团结友谊、公平竞争、挑战自我的精神追求；美育不仅是为了获得艺术技能，关键看有没有艺术情怀和审美素养；劳动素质不只是让孩子爱劳动，关键是从态度和行为层面塑造勤劳的品格。

素质教育不仅要求其表，关键要求其实。它追求的不是外化的学科分数、艺术等级、竞技水平，而是内在的人文素养、人格素养、道德素养、科学素养、艺术素养。因此，素质全面的人不一定有成就，有成就的人不一定就有全面素养。素质教育围绕的核心是人作为人的全面健康可持续发展，而不是名次、等级和奖牌。从素质教育角度看，学习数、理、化就是要真培养科学素养，而让孩子放弃数、理、化等于让孩子放弃科学素质；学习文、史、哲就是要培养人文素养，而让孩子放弃语文和历史等于让孩子放弃文明；学习体育、参与体育项目就是要健康的体魄和坚强的耐力，而让孩子放弃体育锻炼就等于让孩子放弃坚毅；让孩子做与其年龄相当的个人事务、家庭事务、集体事务就是培养其生存能力，让孩子放弃本该自己完成的事务等于让孩子放弃独立生存。

素质教育要考虑的是人的共性，而不是个性，个性发展是在基本素质完备基础上的发展和完善。素质教育不应以兴趣爱好、遗传特征、技艺技能为主要内容，而应围绕人性及人格塑造、生存及身心健康、发展及自我完善来构建。坚强的生存能力、坚毅的性格特征是素质教育的基石。

话题四

影响人成长的因素没有哪个更关键

——充分把握孩子的个性化遗传特征和生存发展环境，抓主要矛盾才是关键

影响人的身心发展的关键因素究竟是遗传，还是教育和环境，这是人们反复思考的问题，也是家庭教育理念或观念层面必须解决的问题。这个问题的理解和把握，直接影响着教育过程中主要矛盾与次要矛盾、矛盾主要方面与次要方面和教育实施条件与转化的理解和把握。

案例：

2013 年 1 月，山东电视台《道德与法制》栏目播放了一部电视剧，两个朋友同年同月同日各生了一个女儿，在城市拼搏的夫妇，顾不上照顾孩子，就把女儿托付给农村的朋友王军夫妇，一养就是 3 年。送回时，王军家一时糊涂将亲生女儿当朋友女儿送走。朋友的女儿在自己家里长大成人，聪慧懂事，考上名牌大学，毕业后来到城市夫妇的公司上班，很快成了业务骨干。而送到城市夫妇家的女儿，骄纵无礼，富二代的毛病十分突出，最后为了保住自己总经理女儿的身份，竟然投毒杀死了自己的亲生母亲。

点评：

这则故事，从环境决定论角度看，充分说明环境可以造就人，也可以毁掉人。事实上，任何一种单一因素论都能找到完全有利于自己的观点及论据，而换成另一个角度也能看到完全相反的事实。单一因素论无法绝对得到实践证实，人的成长是多种因素决定的显然更加合理。

单一因素无论是理论也好、大众俗论也好，都是绝对化思维的结果，都只是说话说半句，看事看半边。

在人类思想发展史上，关于人的身心发展与成长的影响因素历来有不同的观点，主要分为单因素论与多因素论、内发论与外铄论、内因与外因交互作用论。这样说来似乎过于学术化，一般老百姓很难把握，其实，只要解释清楚先天和后天、内因和外因、主观和客观三对重要概念及相互关系，就能比较清楚地说明问题。

首先应当明确的是人的发展与成长不是单一因素决定的。单因素论，也称单一因素决定论，认为人的发展是某一种因素决定的。常见的有遗传决定论、生物预定论、预成论、环境决定论、教育万能论。这些在老百姓中也十分流行，关于遗传决定论的说法，如“龙生龙、凤生凤，老鼠生来会打洞”；关于环境决定论的说法，如“孩子都一样，关键在谁家”。

重视环境与教育对人成长和发展的影响是可取的，但认为环境和教育起决定性作用却是典型的外因论。

人的成长环境是不说话的老师，看看狼孩、猪孩就知道环境的影响有多重要，“良禽择木而栖”的原本含义就是选择有利的生存和发展环境。诸如“孟母三迁”这样的典故并不只是中国古代才有，古代和近代欧洲也有许多相同情节的真实故事。作为理论的外因论又称心理发展的环境决定论、外铄论或经验论等。认为个体心理发展的实质是环境影响的结果，典型代表有英国哲学家、教育家洛克，他的“白板说”众所周知，法国唯物主义哲学家、教育家爱尔维修的“教育万能论”在18世纪也占有十分重要的地位。

唯环境影响决定论者预言，如果把一对双胞胎婴儿完全分开抚养，同时把一对不相关的婴儿放在一起抚养，那么，待他们长大成人后，在性格等特征上，前两者之间不会比后两者之间有更多的类似特点。

最为形象的代表还是美国行为主义心理学派的创始人华生。华生说："给我一打健康而又没有缺陷的婴儿，把他们放在我所设计的特殊环境里培养，我可以担保，我能够把他们中间的任何一个人训练成我所选择的任何一类专家，如医生、律师、艺术家、商界首领，甚至是乞丐或窃贼，而无论他的才能、爱好、倾向、能力，或他祖先的职业和种族是什么。"

2011 年以来，中央电视台连续播放了独生子女教育系列片《变形记》，一则则故事，表面上反映的是问题孩子的转变过程，深层揭示的却是健康的教育环境的重要性。过于优越的家庭环境，相对于较为艰苦的环境或普通的家庭环境，对于孩子的教育不见得有利。在优越的城市家庭，父母很难说服自己的孩子，然而，在艰苦的农村家庭环境中，孩子的善良、责任、奉献意识等都能被调动起来，不长的时间，问题孩子得到了改造甚至重生。

这似乎强有力地说明了环境对人的成长与发展的影响，然而，实际的统计数据并不一定支持这种极端的观点，同样的极端的结果在相同条件下并非必然，《变形记》反映的只是其中的成功案例。据不完全统计，城市家庭将孩子送到农村中学借读的成功率仅为 30% 左右。其实，华生自身已经自相矛盾，他设置的条件是给他一打"健康而又没缺陷"的孩子，这个条件本身已经说明先天遗传健康而又没有缺陷很重要。如果我们让华罗庚去跨栏，让刘翔去举重，或者我们让华生自己去做体操，结果会面目全非。

统计数据同样不支持另一种极端观点，即唯遗传因素决定论。

遗传的先天因素是人的成长与发展的内在基础，在人成长和发展的特性和方向上提供了个性化的可能，但也只是可能，这种可能要在后天的适当环境和教育中才能变成现实。

没有相应的遗传因素基础，相应的环境和教育再好也难以成才；有了相应的遗传因素基础，没有相应的环境和教育，一个人的个性化潜能也无法得到展现，遗传的因素也可能被掩盖或扭曲。

内因论又叫遗传优势说，认为人类个体的心理发展完全是由个体的遗传基因预先决定的，心理发展的只是这些因素按其先后顺序展现出来的，外部环境只能影响其发展速度，而无法改变其方向和性质。如我们平常说的“有其父必有其子”“有些孩子不用管，天生之才必有用”等，这实质就是遗传决定论或者自然预成论，其创始人是达尔文的表弟、英国的人类学家和心理学家高尔顿，代表人物有美国心理学家霍尔、奥地利心理学家彪勒。霍尔认为：“一两的遗传胜过一吨的教育。”遗传决定论过分强调先天的遗传因素在儿童认知发展中的作用，而忽视环境和教育对儿童认知发展的重要作用。霍尔的问题出在他放大了先天痴愚对人生的影响，看不到只要抓好后天教育，先天痴愚、自闭症、精神病均可有成就。如周周是个智障，但又具有指挥才能；麦丽萨是个患有通感症的女孩，但能听到图像、看到声音，据估算平均每23 个人中会有一人有联觉能力，也许你自己就是其中的一员。

内因和外因的相互作用是事物变化发展的动力和源泉，人的成长和发展是内在的遗传和外在的环境与教育共同作用的结果，单纯地强调一个方面忽视另一方面都是形而上学的。但内因与外因的地位是不同的，仅仅相互作用的解释不足以表达事情的全面性和深刻性。

由于内发论和外铄论或内因论与外因论都具有明显的片面性，于是在19 世纪末 20 世纪初出现了内因与外因交互作用论，也称双因素论。这种理论认为人的发展既不单由遗传决定，也不单由环境与教育决定，而是由遗传和环境及教育共同决定。有两个代表人物非常重要：一个是美国心理学家吴伟士，他认为，人的发展不是遗传和环境之和，而是二者的乘积。另一个是德国心理学家施泰伦，他认为，遗传和环境在人的形成和发展过程中的作用始终是交织在一起的，很难明确区分。他们的观点认为遗传从怀孕起就受环境因素的影响，出生后环境的影响无时无处不在。显然内外交互论已经较为科学，相对于单纯强调内因或外因进了一大步。

“内因是变化的根据，外因是变化的条件，外因通过内因而起作用，内因通过外因而得以展现。”这是马克思主义的观点，是对黑格尔唯心主义辩证法的改造，是从事物发展原因和动力角度给出的最为科学的说法。内因是事物运动、变化和发展的内在原因，即内部根据。内因既是事物存在和发展的根据，又是一事物区别于他事物的内在本质，它决定着事物发展的方向。外因是事物发展变化的外部原因，即外部条件，是一事物和他事物的互相关联互相作用，使得内部特征得以显现。一个是根据，一个是条件，地位显然不同。没有内因只有外因如同用鹅卵石孵小鸡，没有外因只有内因如同雪地里用鸡蛋孵小鸡。

总之，人的发展是多种因素综合影响的结果，是先天遗传与后天社会影响以及主体在活动中的主观能动性与客观规律交互作用的统一，人在身心发展中所表现出来的基本特点，不是其中某一种因素单独作用的结果，无论是内发论（遗传决定论）还是外铄论（环境决定论），都是强调一种因素而否定其他因素的作用，是片面的。人的成长像庄稼成长一样，需要好的种子，也需要适宜的土壤、水分、阳光等。

子女教育的内因与外因、先天与后天、主观与客观是辩证统一的，时间、地点和条件就是辩证统一的核心要素，不同阶段有不同的任务、重点和策略。

稍有一点常识的人，都会认为人的身心发展的结果是由多重因素造成的，有人把它概括为遗传素质、环境氛围、学校教育和个人努力四个方面，认为这四方面的因素相互联系，交织在一起，共同作用于人的发展。也有人概括为遗传素质、家庭背景、学校教育、社会环境和个人努力五个方面，认为这五个方面相互联系，共同作用于人的发展。两种说法都没有错，后一种说法只是把环境氛围分为家庭背景和社会环境两个方面。

道理似乎已经很清楚，但一遇到具体事情，大多数人仍然会以片面的认知指导自己的行为，并不知道两个方面如何协调推进，尤其不知晓不同阶段的应对策略。在现实生活中，许多人往往忽略常识，只抓一个方面，而且采取非常极端的做法。主要有三个方面的原因：

一是正确的说法如果表述不清晰，仍难起到释疑解惑的作用。因为先天与后天、内因与外因、主观与客观在多因素中是相互交织的，而且在一定条件下是相互转化的，在实践中人们往往看不到转化的条件，也难以找到相应对策。通常人们认为遗传因素是内因，因此有了所谓“内发论”；环境和教育是外因，因此有了所谓“外铄论”。然而，如果把遗传当作一个过程，就会看到父母对一个人的遗传来说是其成长的外因。

二是人们在讨论问题时，往往忽略特定的条件和范围。通常人们认为家庭是个体成长的外因，但如果放大社会范围，家庭整体上又成为一个人成长的内因；通常人们认为学校教育只是孩子成长的外因，孩子自己是内因，但如果以学校与社会环境相比较，显然又成为内因。如果混淆其差别和转化条件，就会出现左右摇摆。

三是普通人由于知识水平、认知能力较低，往往受制于社会潮流，看到别人做什么就跟着做什么，缺乏起码的分析和判断，根本不顾及什么是内因，什么是外因，什么是根据，什么是条件。

人的生存环境是一个多个系统构成的多层次复杂体系，应当看作孩子成长的外部环境或外因，主要包括法律制度支持系统、社会支持系统、个人核心支持系统三个组成部分。其中法律制度是基础性的，社会影响是间接中介性的，而个人核心支持系统是直接的，也是最重要的关键因素。

基础性的支持系统，如教育方面的法律、体制、制度和政策，是其他支持系统发挥作用的基础性平台，所有的支持作用都不可能超越这个基础，否则就不是历史唯物主义者。教育在顶层设计层面至少要考虑三个重要问题：一是教育制度、体制与经济和社会发展方向一致；二是教学体系与未来就业相协调；三是教育方式与个人的个性化成长相适应。

社会支持系统是外在的影响系统，要让这个系统发挥积极作用，要以适应为前提，这个适应可以是屈从，也可以是创造性地超越和利用。

人的心理和行为是个体与各系统相互作用的结果。相对而言，个人核心支持系统对个人的心理成长有重要甚至关键的影响。在笔者看来，个人核心支持系统有三个子系统：家庭子系统、师生子系统和同伴子系统，其中，同伴子系统在较大儿童中发展为朋友子系统，师生子系统在工作后转变为同事子系统。南通大学教育科学学院应用心理系沈永江老师发表了《中小学心理健康教育应从微生态系统入手》的文章，笔者有与之同样的观点，而且，笔者在实践中做了大量调查和尝试，在笔者的儿子身上做了大胆实验。

家庭支持系统是人心理成长的最后保障系统，或者说是生存保障系统，是成长保护机制的最后保障线，危害人身心健康的可能是其他支持系统的不利影响，而危害生存的一般是家庭支持系统的破坏。有心理和行为问题的孩子，背后多数有一个糟糕的家庭背景，如不健康的教养方式，包括简单体罚和过度保护；不良亲子关系，包括关系紧张和代际关系紊乱。“放手闯吧，没饭吃就回家”与“好好干，干不出名堂别回家”给一个人的心理支撑是完全不同的，家庭支持系统是孩子成长的保护机制和动力机制的最后防线或生命线，在支持系统中处于核心层，只要这个系统能完整存在和构建，并发挥作用，孩子的成长一般不会终止或夭折。

2012 年 11 月美国的一名学者对美国近年来 42 起校园枪击案进行了系统调查，发现 71% 的所谓凶手孩子，在学校受到过不公正待遇，而这只是他们的自我感觉，客观事实并非如他们感受的那样严重。而 87% 的凶手孩子在家庭感受不到温暖。笔者从三个支持系统的相互关系及地位分析，有理由认为家庭的不良影响是最重要的根源，家庭的不良状况如单亲、父母不和，家长酗酒、赌博甚至教育一方缺失等都会使孩子成长保护机制的最后一道防线失效。这样的失效会使孩子失去安全感。而按照马斯洛的理论，安全感是人生存需求的基本需求之一，这一需求的缺失导致孩子对其他较高层次需求的失望，由此引发心理崩溃，引发绝望的非理智行为。2012 年 12 月，发生在康涅狄格州一所小学的枪击案就是典型例证。这起案件致使 28 人遇难，包括凶手孩子亚当·机扎的母亲。值得注意的是我们中国人会把问题归咎于美国的枪支管理制度，其实从心理学角度看，关键不在于人们是否拥有枪支，而在于人们如何支配枪支。

心理学认为，社会化是个体由自然人成长、发展为社会人的过程，或者说是每个人成长、成熟的过程。其过程受到家庭、学校、大众传媒和同伴群体四个维度的影响，但最为重要、影响最大的是家庭。因为童年是个体社会的最初阶段，也是关键时期，家庭中的亲子关系，家长的言传身教，对儿童的语言、情感、角色定位、经验积累、生存技能、行为习惯都起着潜移默化的作用。

在家庭支持系统正常运行时，由老师等学校教育者构成的学校支持系统显得非常重要，有些学生的问题在家庭找不到明显根源，主因可能就在学校，教师的不当教育、评价及行为，对学生的成长影响不可忽视。

同伴支持系统，是儿童心理成长的因素之一，在相同条件下，良好的同伴关系能起到优化或化解心理问题的作用。

社会环境是孩子成长中影响最广泛、最长远的因素，其中社会风气、社会主流文化、集体行为模式影响如影随形，而在社会主流文化中，公共媒体作用最为突出。

如果这三个方面有一方面出现偏差，必然影响孩子们的健康成长，尤其是公共媒体的导向偏差，将直接影响孩子的世界观、人生观和价值观，也会对孩子的非理性品质产生深远影响。

如果说现在的社会是单向度的社会，公共媒体就是其实现途径，其作用是任何力量都无法抵挡的。如果公共媒体的导向正确的话，其直接后果是社会的良好风气、主流文化健康积极、集体行为良好，相反将是世风日下、主流文化偏转，集体行为表现异常。

人是文化的动物，给什么文化就培养什么样的人，这几乎是不容置疑的。对孩子的成长来说，公共媒体扮演着“社会教师”的角色，它所宣扬的、反对的、倡导的、鞭挞的、引导的、灌输的都将潜移默化地影响着孩子们的成长。

就当前的文化产品现状看，过去那种弘扬中国传统文化的产品诸如孟母三迁、司马光砸缸、曹冲称象、花木兰从军等被轻薄、浮躁、功利、残暴、宫廷斗争、公司内争、家庭不和替代，即使有一两部有正面教育意义的电视剧，也不会安排在黄金时间。几个大的假期里，几个台同时播放两三部教育意义不大的电视剧，少见为家庭、为社会、为国家民族励志奋斗的内容。

先进的科技传承一代更比一代聪明，优秀的文化传承一代更比一代智慧，狭隘的功利传承一代更比一代自私，浮华生活的传承一代更比一代萎靡。中外历史上有思想有智慧有情感的故事数不胜数，这些都是教育孩子的最好教材，公共媒体的设计、学校教育的安排、家庭教育的取舍均可有意识、有计划、有步骤地采纳和实施。

话题五

家庭道德教育不能因爱而缺位

——家庭道德教育是一台戏，家庭文化是剧本

把道德教育放在首位不只是中国传统教育的特点，也是教育史上各国教育普遍遵循的指导思想。古希腊是这样，18 世纪启蒙运动是这样，苏联是这样，近现代美国的教育也是这样。然而，在中国当代的许多家庭，由于道德教育缺位、不到位或成人的负表率，使得孩子的道德行为模式塑造归零或产生负效应。

案例：

一所幼儿园的亲子运动会上，孩子们游戏时能够遵守的规则，在有父母参与的亲子互动活动中却频遭破坏。老师们感慨地说：在道德教育方面往往是5+2=0，在学校教育五天，周末两天教育效果归零。在日常生活中我们也常常看到，孩子要走人行道，大人却要拉着孩子横穿马路；孩子要捡垃圾，大人却说脏。

点评：

教育应当是全面的，既包括知识，也包括智慧；既包括能力，也包括品德；既包括生存能力，也包括艺术修养。仅以学习成绩评价教育质量的评价机制是十分片面的，丧失了促进青少年儿童发展的本性，阻碍了人的智力与人格、知识与品德、科学与人文的有机结合及全面发展，也扼杀了孩子们成长的动力与源泉。科学的家庭教育就是以孩子的道德模式构建为中心，把品行端正作为家庭教育的基本要求。

生存为家庭教育之基，德品为家庭教育之首。

《易・乾・象》中有“天行健，君子以自强不息”；“地势坤，君子以厚德载物”。生存为教育之基，德品为教育之首，生存和德品在教育中的地位如同房屋的立柱和地基。战国时期的荀子在谈到修身时说：“人无礼则不生，事无理则不成，国家无礼则不宁。”杜威说：“道德是教育的最高和最终的目的。”笔者想说的是，人可以无才，但不可无德。无才之人，仍可以人之身份行走世间，无德之人言行每每似兽。无论从哪个角度上说，德育都处在首位，正如苏霍姆林斯基所说：“和谐全面发展的核心是高尚的道德。”

中国哲学史上有所谓“四端”，也称“四善端”，指的是“仁、义、礼、智”四种道德观念。恻隐之心，仁之端也；羞恶之心，义之端也；辞让之心，礼之端也；是非之心，智之端也。孟子认为：“四善端人皆有之，与生俱来，苟能充之，定以保四海，苟不能充，不足以事父母。”就是说这“四善端”是人与生俱来的，只是出生后被纷繁复杂的现象掩盖了。假如注重修炼，定能成大器，假如不能，就连父母也不会孝顺。在德行教育方面，学校和社会都有责任，但家庭责任无论是成长顺序还是核心环境影响都应放在首位。很难想象心不思理、言不说理、行不从理的人，能养育出既知书又达理的孩子。

家庭道德教育要关注对孩子的价值引导。孩子做得好，家长应当毫不吝啬给予肯定和表扬；孩子一些不良的言行，家长必须施以矫正和约束。孩子身边所发生的良好和不良现象，父母应该给出一个正确评判，孩子的是非观、善恶观就是在这种表扬和批评、鼓励和惩戒、鞭策和评判中形成的。

中国近代教育家蔡元培说：“德育实为完全人格之本，若无德则虽体魄智力发达，适足助其为恶，无益也。”一个道德高尚、适应社会的人，生命充满活力，其潜能能够得到自然迸发，其价值也能顺利实现。当一个人进入高素质行列，他们就会有自己的行为准则，而且时刻在奉行，除非因为是他不了解的事而产生差错，即使这样他也会感到惭愧或内疚。在别人看来这是道德的最高境界，在他们自己看来，这就是日常的行为，是平常有的习惯行为再平常不过了。美国最有趣、最有影响力的教师雷夫·艾斯奎斯认为：“这是道德发展的最高境界，也是做人的最高境界。”

家庭道德教育是家庭教育的一台大戏，而家庭文化就是剧本。

家庭道德教育要有家庭文化的支撑，父母既是导演，也是演员，家庭文化及家族文化传统就是脚本。如果缺乏家庭文化的基础，我们做得再优秀，也缺乏一个传输的渠道。有的父母很优秀，但是父母优秀的品质如果没有文化的介入，没有文化的沉淀，这些优秀的品质，包括积累的人生财富，很难传递给孩子。因为文化有一种特殊的功能——传承性，父母身上的这些优秀品格，能够通过家庭文化的方式，在孩子身上传承下去，父母的恶劣品质也会在孩子身上看到痕迹。

作为观念体系的家庭文化对人一生的影响极其重要，家风和家规一软一硬，直接影响孩子的性格、习惯、对事物的认知及行为风格，我们常说“一看就知道是谁家的孩子”，指的就是家庭文化的外在表现。

倡导一个家庭必须有家庭文化，并不是指父母两个人必须要有高学历，而是指父母的存在及作用。家庭文化的缔造者是父母，父母的世界观、价值观、人生观及下一层次的幸福观、社交观等观念体系中的道德要素对孩子的影响非常深远。父母的道德行为会在不知不觉中成为孩子行为的模板。

教育离不开文化，文化是教育的极致，家庭教育对孩子的影响不是简单的男主外女主内的分工，而是蕴含着特有的文化内核，从某种角度上说家庭文化与家长的真正存在是一回事，父母的角色到位了才会实现转化和内化，父母的存在内化为孩子的一种情感能量和精神导向。

人的遗传可分为两个方面，自然或生理遗传与社会遗传或心理遗传，生理传承无论是遗传还是变异都是无法依主观意志为转移的，而社会遗传受制于家庭和社会两个环境，即家庭环境和社会环境。家庭习惯、风格的代际传递，作为家庭文化传承的主要方面，是可以通过父母甚至祖辈的个人行为和主观因素来加以调控的。

道德教育在任何情况下都应当以引导、疏导为主，以制约、堵塞为辅。

疏导和引导的结果是不想、不愿做有违社会契约、规范、纪律和法律之事，展现给人们的是高素质和修养；而制约、惩戒的结果是害怕触犯契约、规范、规则、纪律和法律的惩罚，展现给人的是低素质和无修养。疏导和引导是种“善因”，制约和惩戒是纠“恶果”。对高素质的人来说，契约、规范、规则、纪律和法律对其没有作用，因为他们的素养在规制之上，他们在任何情况下都不想去做低于素质要求的事。在日常生活中，我们会发现许多这样的人，从不横穿马路，从不违反纪律和规则，不靠谱的事情一般与其无关；而对有些人来说，契约、规范、规则、纪律和法律时刻都在制约其行为，因为只要有空隙他们都会去投机钻营。

家庭对孩子早年的道德教育重点是让孩子明白怎样做是好的、是高素质的、是文明的、是受人尊敬的，而不是让孩子明白怎样做会受到惩罚。因为前者是以信任为基础的，相信孩子能做好；后者是以不信任为基础的，怀疑孩子能做好。有一次笔者和朋友去一家酒吧，走的时候忘记付钱，半路上发现后，笔者又返回去付了钱，酒吧老板很惊讶。但如果不这样做，笔者会看不起自己，不是怕受到惩罚，而是觉得这样做才是好人。

引导孩子明白你做的一切都是发自内心的，并非为了讨好别人，时刻为了讨好别人总是会表现出虚伪和无奈，只有发自内心的行为才能真实和自如。总之，要让孩子成为他自己，成为他自己想要成为的人，而不是讨好家长、讨好老师、讨好领导、讨好周围的人。

道德教育要注重传承，传统文化继承发扬和家族传统代际传递缺一不可。

“礼义仁智信、温良恭俭让”是中华传统道德观的瑰宝，是中华民族之所以代代相传、生生不息的精神命脉。这种传承政府和社会有责任，家庭责任更大。成年人的行为是不说话的老师，父母的表率是孩子的直接榜样。一个人的道德观念多半是父母行为模式的传承。

教育开始于父母亲的手上、脚下和嘴边，要孩子听从的每一句话都会影响个性的建立。正如苏霍姆林斯基说的：“人的全面发展取决于母亲和父亲在儿童面前是怎样的人。”父母是孩子的第一任教师，是孩子第一个模仿、学习的对象。因此他们的思想作风、生活习惯都对孩子有很大的影响，家长们应明白，给孩子留下好的印象是对孩子健康成长负责的做法。

传统文化的这些精髓要靠家庭教育来传承。家庭的传承包括两个方面：一是生命的传承，二是家族或家庭观念的传承，缺少其中的一个，都是家庭的一种悲哀。我们应该传承给孩子的是从爱爸爸妈妈开始到爱亲戚朋友、爱邻居、爱同乡、爱人民，从爱爸爸妈妈和我组成的家，到爱自己的家族，到爱家族所在的社区，到社区所在的家乡，爱家乡所在的祖国、爱祖国所在的地球。这些都是我们应该给孩子的价值引导。

家庭道德传统的教育传承方法就是教会孩子修炼，教孩子修身，使其身健、身正。让他懂得保全自己的生命，懂得康健自己的身体，养一身浩然正气。教孩子修心，使其心静、心安、心平，让他懂得心静则无疑虑、无杂念、纯净，静则生慧；心安则无矛盾、无冲突、和谐，安则生序；心平则无对立、无过分欲望、顺从，平则生和。教孩子修道，修人道、循天道、明世道。修人道是明人伦、守道德、守法纪；循天道是遵规律、顺应自然；明世道是懂得尊重、学会包容、关怀他人。我们还要教孩子修德，修口德、积心德、养德行。

家庭道德教育要与学校教学的内容及社会教育相一致，相互融合的载体是家庭生活和社会交往及活动。

家庭道德教育的认知和行为目标要与学校道德教育内容一致而不是相反，才有正向的构建作用，绝对不可以给孩子提出与之冲突的要求，更不应该做出与之相反的行为表率。

道德行为的养成，要春风化雨，润物细无声，百涓融流，言行合一。我欣赏杜威的教育理论，不仅因为他主张通过家庭生活和社会培养孩子的学识和能力，还有在实施德育方面，他主张通过活动来培养学生的道德品质，所谓活动不仅指学校活动，也指家庭与社会活动，“从做中学”包括学校、家庭和社会。他反对用抽象的说教进行德育，主张把学校布置成现实的家庭和社会环境，让学生生活于其中并学习与人相处之道，形成良好的习惯和态度，从而知善行善。

学校道德教化要与智育教育相结合，家庭不能只重视孩子的艺术素养教育而忽视了孩子的品德教育。德育是各科教学共同的和首要的目的，且其首要地位要在其他方面教育中得到体现，尤其要与知识学习有机结合。各学科的教材必须与健康、道德、文明生活紧密结合，才能既有学术价值，又有利于德育。也就是说，任何一门课程的教学中都要渗透价值引导。

道德教育要与心理健康教育有机结合，使道德观念深入人的心灵。要把孩子的现实生活、通用教材和心理教育融为一体，抓住孩子的感情、情绪、情结反应，不断地培养学生趋善避恶的内在要求。像德国哲学家、存在主义著名代表雅斯贝尔斯希望的那样，让教育真正成为“一棵树摇动另一棵树、一朵云推动另一朵云、一个灵魂唤醒另一个灵魂”的事业。

道德教育要与宗教信仰的培树相结合。人是要有点信仰的，没有信仰什么好事都可以不做，什么坏事都敢做。真正无药可救的人，不是目无法度和规则，而是根本没有任何信仰。道德上的任何规范最终有赖于那点心底里的信仰，所谓与人为善、懂得感恩、孝行天下都离不开信仰，家庭道德构建不能不考虑孩子的信仰体系建设。

道德教育要与合格公民教育相结合，家庭教育中要从家庭文化为基础的家规着手，学校教育体系中应当设置合格公民课程，社会教育应当注重合格公民基本行为规范的文化建设。

话题六

学会当父母及与孩子共同成长

——学会当父母，不仅要学会爱，还要学会真爱；不仅要学会管孩子，还要学会管自己

天然血缘纽带决定了父母与子女的亲缘关系，从这个角度上说，无父母就没有孩子的生命，孩子孝敬父母天经地义。然而，在真理和知识面前人人平等，在许多情况下，父母并非比孩子更加高明，与孩子共同成长十分必要。

案例：

2013 年 11 月，某市小学六年级四班召开家长会，家长们拿到一份特殊的“成绩单”。这份“成绩单”显示的不是孩子的成绩，而是家长自己的成绩。出考卷人是孩子，打分人也是孩子。44 位家长第一次拿到这样的“成绩单”，心里五味杂陈，有的委屈得想哭，有的惭愧得无地自容。家长最高得分 96 分，最低得分 56 分。表格主要反映出家长们三个方面的问题：是否给孩子营造温馨和谐的家庭氛围；是否用正确的态度面对孩子在成长过程中取得的进步以及失误；是否能不断提升自己的修养，提高自己的教育能力，和孩子共同成长。报告显示，能成为孩子心中优秀父母的只有 8 人，占 18.2%；合格的父母 17 人，占 38.6%，显然很大部分父母不合格。怎样才有资格当父母成了每对父母必须考虑的问题。

点评：

在我国的教育体系中，从小学、中学到大学，所有的学校教育都没有设置关于如何扮演父母这一人生最重要角色的课程。“在我们的学校里，最重要的东西却没有讲授过，没有教给学生如何生活，一个人应该如何为家庭生活做准备。”苏霍姆林斯基的遗憾今天依然存在。每一个人都是在缺乏父母角色理论教育、角色技能教育、角色规范教育的情况下，凭借本能在摸索中扮演了父或母的角色。因此，家长角色的不到位在我们的家庭教育中普遍存在，与孩子共同成长的意义就在于此。

在知识大爆炸，网络高度发达的当代社会，父母往往不见得比孩子更高明。

父母比孩子更有经验这一论断，许多情况下只有在生活方面才可能成立，而往往就是这种经验蒙蔽了父母的眼睛。过往的经验就因为过往，会让父母们得出不合时宜的结论，作出错误的引导和指向，经验与经验主义只有一步之遥，甚至与狭隘的经验主义并行。

父母往往用“我吃的盐比你吃的饭多，过的桥比你走的路多”来强迫孩子听从于己，然而，真理并非总是在父母一方。许多本来有某种天赋的孩子，正是由于屈从了父母，才变得平凡无奇。

孩子以当代人的思维思考眼前的问题，往往比用过去的思维方式思考当代问题更加贴近现实，科学的发展不断揭示以往经验的局限与谬误，父母的“经验”有时恰恰是阻碍孩子成长的因素。没有过去经验的包袱，没有过去不良心理事件的影响，单纯的现实分析或许更加纯粹。

在经济全球化、社会网络信息化、知识更替日新月异的今天，与孩子共同成长显得更重要。在深受传统文化束缚的中国，与孩子共同成长，往往要在真理的公平性与血缘的先天性的博弈中实现，父母只有放下身段，真正与孩子交朋友，才能使得真理的公平性时刻发挥作用。

在笔者的教子实践中，经常会与孩子因对现实的看法和发展策略引起争论，有时在争论中笔者会突然意识到儿子可能是对的，尤其当笔者只能以过去的经验而不是以有力的理性分析与孩子交谈时，这种感觉更加强烈。笔者的实践经验是，在这种情况下不妨听听孩子的见解，不妨相信孩子的理解力、判断力和分析问题、解决问题的能力。每当这时，笔者真正理解了“与孩子共同成长”的深切含义。

与孩子共同成长，不只是口号，而应是实实在在的行动。

只要只有一个孩子，作为父母的角色便不仅是第一次，也是唯一的一次。“与孩子共同成长”成了许多家长津津乐道的一句口号，但真正理解的并不多。有的理解为与孩子交朋友，有的理解为多教育，有的理解为多和孩子沟通，但都难触其要。从家庭教育的功能角度看，“与孩子共同成长”的实质是学习中抚育、过程中陪伴，目的是辅助孩子自我成长。如果理解为“教”，将事与愿违。

对成年人来说，与孩子共同成长，首先要解决自己的心理问题。担忧、焦虑、郁闷、恐惧是大人们在养育孩子过程中的普遍心理，而这些恰恰是心理不健康的表现，这些表现加上完美追求和要求绝对化，几乎可以成为严重心理问题的基本标志，而我们不少父母长辈就处在这种状态。其次，要解决与孩子的信任纽带建立问题，不放手、替代、包办说到底是对孩子不放心、不信任，这种不放心、不信任恰恰是孩子成长的障碍。

“与孩子共同成长”的确切含义应当包括四个方面：一是掌握孩子的心理成长规律，并按照规律指导孩子成长，避免成人式的干预；二是终身学习，了解掌握更多的现代知识与技能，从而更深入地了解孩子的所思所想，避免更多的低级错误；三是把握契机，完善自我；四是伴随孩子自我成长中家长也自我成长才是最好的成长，与孩子一起观察了解大自然、讨论人际关系、畅谈人生，谈自己的观点但不强加自己的观点，更不应“谆谆教诲”。

自己也是普通人，也会犯错误，在过去的成长中有许多不够完善甚至错误的地方，而此后的一言一行事关子孙后代，要从改变自己开始才能真正为人父母，这种改变甚至要从头来过。比如改变你的出口成“脏”、改变你的总是抱怨、改变你的过分贪玩、改变你的常常与别人比较、改变你的完美主义、改变你的意志薄弱等，在与孩子共同接受教训、总结经验中成长，否则你的言行会与对孩子的要求成为一对尖锐矛盾。

父母也有七情六欲，也有心理不健康的时候，犯错在所难免，但父母愿意学习，愿意改变，愿意反思自己行为的过失和问题，是与孩子共同成长的前提，也是强化或重构家庭支持系统的前提。

园丁不仅要有园丁的情怀，更重要的是要有基本技能，教育孩子先要学会当父母。

笔者研究了世界卫生组织关于健康的标准：身体健康、心理健康、社会适应和道德健康。笔者觉得这应当是父母的主要责任，如果这四个方面在孩子成长早期具备了，一定会有远大前途，而且一生幸福。

我国目前的家庭教育大致分为八种：一是靠看书教育，按图索骥，重视共性，忽视个性；二是模仿跟风，照搬别人的成功模式；三是笃信自己的经验，执着自己的主观体认；四是靠家庭习惯传承，墨守成规；五是自然无为，听由命运摆布；六是以爱的理由，包办一切，剥夺成长；七是一味服从孩子意愿，一切围着孩子转；八是共同学习，共同成长。总体上看，我们的家庭教育方式很不乐观。

除了遵循一般基本规律外，不同的家庭对孩子应有不同的教育。现在的父母都是有知识的，都会看许多的所谓育儿书籍，但知道教育真谛的并不多。父母们学习的重点是掌握一般规律和科学常识，然后结合实际丰富自己的思想和灵魂，并以此分析和指导自己孩子的成长，而不是学习别人的经验，直接搬用别人的模式。因为谁也无法复制别人的父母，更不可能复制与别人家一样的孩子，非常成功的案例有借鉴意义，却不见得具有复制价值。也就是说，有多少种家庭就应当有多少种教育。

孩子从一降生开始就拥有独立的人格。近年来，常常有大学生自杀事件见诸报端，恋爱失败、学习困难等只是表面现象，没有独立人格、心理上的“无我感”、不会独立生存才是深层根源。有一个孩子按照父母的愿望考上大学后，上学的第一天就从教学楼上跳下。他在遗书上说：“我完成了父母的目标。”说明他从来就不是他自己，好像从来就没有为自己活过。这是孩子的悲剧，更是父母的悲哀。

任何过分、极端的要求，不符合孩子特点的主观愿望，都是父母自私的表现。正如苏联教育家苏霍姆林斯基说的：“一个人生命运动的复杂性，有时也是悲剧性，就在于虽然草稿里蕴藏着成为一个独特的个人的各种素质——卓越的才能、禀赋、倾向性、天才……但是负责对这一‘草稿’进行加工，以便使其变得更为美好的人，却反其道而行之，他用自己那双笨拙而又漫不经心的手把草图中美好的东西弄得丑陋不堪。”

父母希望孩子是最好的，这本身没有多少错误，但父母不能一味要求孩子方方面面都完美，一旦当孩子没有达到预期目标时，对待孩子的态度就会走向反面。事实上孩子的不理想，恰恰是父母不聪明选择的结果。

看书养孩子有利有弊。看书养孩子，可以按专家说法及时发现孩子的天性，让孩子顺应规律地成长，可以在不知不觉中发展孩子的天性。因此，笔者常常说教育孩子要么找专家，要么顺其自然，但绝对不能靠自己的主观愿望和狭隘经验。不教育顺其自然至少在原地，如果因狭隘的经验将孩子发展引入歧途或相反的方向，那将更加远离教育的初衷。

如果让父母晒晒自己的育儿故事，不正确甚至有风险的不在少数。将婴儿放在汽车里面，父母双双离开，无论多长时间都不能算是合格的父母；婴儿一开始就要分床睡，可有许多父母一直与孩子同床，有的甚至到了18岁；有的为了保护孩子，在卫生、安全方面过分提醒，造成孩子由于过分担忧，扭曲了对自然和社会的认识，造成社会交往障碍或因洁癖不能正常生活和工作。

尊重孩子的独立人格，就要尊重孩子的选择，否则等于不尊重孩子的生命。乡村医生蔡笑晚虽然仅有高中学历，但是他的六个孩子个个成才。五个到美国读博士，一个是硕士。他的经验的核心就是尊重孩子的独立和选择，给孩子留出自我成长的空间。美国哈佛大学的一位教授对此赞叹不已，还亲自找他取经。

当深入研究成功的家庭教育规律时，就会发现根本没有所谓天赋神童，而只有会当父母的家长。也就是说，如果你想，只要你有成为真正合格父母的决心，奇迹完全可能发生在你的家庭。你再也不必为孩子成长中的不如意甚至小挫折而苦恼，因为你的合格角色和对孩子的合理期待，将促使你学习和掌握科学而先进的家庭教育。

孩子是父母的第一本必读书，了解、懂得、掌握孩子的理性与非理性品格是第一要务。

父母的使命是发现孩子是什么样的人，可能成为什么样的人，而不是想让孩子成为什么样的人，我们应当把孩子塑造成孩子自己希望的人，而不是父母希望的人。

学会当父母，不仅要学会爱，还要学会真爱；不仅要学会管孩子，还要学会管自己。父母总是想按照自己的想法要求自己的孩子，按照自己的理想设计孩子的成长路径，可以看作是自私，也可以看作是不信任。事实上孩子除了遗传自己的，还有配偶的，甚至还有隔代遗传，加上集体无意识的作用和时代赋予的全新内涵，孩子的独立人格是应当受到尊重的，父母为孩子设计未来是不明智的。

用自己的思考代替孩子的思考，用自己的方式改造孩子，以自己的想法要求孩子，往往达不到目的。因为每一个个体都有其特殊性，即使是自己的孩子，也有许多属于他自己的东西，遗传只是一个方面，后天的变化往往是被父母忽略了的，更何况父母与孩子成长的时代不同，对世界的认知也有较大差异。

北京市对4000多名中学生的调查中发现，20%的学生有孤独感，27%的学生对别人有报复心，37%的学生有离家出走的念头。孩子感到孤独，想离开家庭，说明他们缺少真正的陪伴。父母与其教育孩子，不如提升自己，提升自己对孩子的影响足以胜过对孩子的强制教育。

家长要对自己的角色科学定位，扮演好父母的角色，缺失和过度都会影响孩子的健康成长。

随着社会的发展和科学的进步，人类的各种活动越来越趋于理性化、科学化。在社会角色的扮演上则表现为任何个人在扮演一定的社会角色之前，都必须或多或少、或长或短地接受相应的教育培训，学习相关的知识、技能与规范，以保证其胜任所扮演的角色。父母是一项职业性很强的工作，这项工作最需要培训。但迄今为止，父母角色的扮演更多的是自我学习。

父母的角色定位非常重要，孩子出现的许多问题，如果从根上找原因，直接或间接都能找到父母身上。父母得到孩子的孝顺容易，而得到孩子的尊敬和崇拜较难，因为大多数父母对孩子来说，只是遗传意义上的代际关系，通俗点说是生养关系，而尊敬和崇拜却来自榜样的力量，优秀的父母重视的恰恰是生养基础上的人生指导和榜样示范。孩子是期望以父母的成就和行为引以为自豪的，如果他或她足够自信，一定会模仿甚至超越。

关于良好的亲子关系有不少说法，也有种种“亲子”实践活动，但有点混乱，有的甚至恰恰不利于良好的亲子关系。笔者觉得最佳父母角色的要求有七个方面：一是良师益友。做到平等交流，畅谈思想，有效沟通而不压制。二是耐心陪伴。做到尊重爱好，通达情趣，悉心陪伴而不陪读。三是生活导师。做到丰富情感，培养习惯，放手磨炼而不替代。四是生存监护。做到依法保护，以规督导，重视品格而不放纵。五是心理导师。做到调整认知，把握情绪，端正态度，引导行为而不伤害。六是学习参谋。做到传授方法，启迪智慧，引导探索而不虚荣。七是表率榜样。做到时时示范，处处表率，行为高尚而不媚俗。

当代中国的家长存在着许多角色认识误区和行为偏差，主要表现为错位与缺位、越位与不到位，这是一个问题的两个侧面，有错位就有缺位，有越位就有不到位，错位和缺位、越位和不到位留下的空位才是父母的正当位置。

一位亲子专家说了一句非常动人的话：“家庭教育是用生命感动生命，用灵魂唤醒灵魂。”与孩子共同成长就是“用生命感动生命”“用灵魂唤醒灵魂”的有效途径。假如父亲像父亲，母亲像母亲，相信你在孩子心里一定会有一个恰当的位置。

一项跨国调查表明：美国的中学生崇拜的人物中父亲排第一位，母亲排第二位。而中国的中学生把父亲排在第九位，把母亲排在第十位。为什么？答案是现成的，只是我们的父母视而不见。在我国某市对中学生的心理健康调查表中，中学生最反感的是父母督促学习和询问考试分数；最不能接受的是升学志愿家长说了算；最恐惧的是父母打骂；最烦恼的是母亲唠叨。至少有一点是肯定的，父母不像父母，父不严、母不慈，父不贤、母不惠，父母像老师和考官，像对手和“催命鬼”。

法国启蒙时期的哲学家和教育家卢梭在《爱弥儿》开篇就强调父母的教养责任：“真正的保姆是母亲，真正的教师便是父亲。”如果保姆不在家里照顾孩子，而教师也出门辗转于名利场，或是拿钱去雇人代替“母亲”的位子，指望学校教育弥补“父亲”的职责，那么请问父母们凭什么来真正了解自己的孩子？我们有多少孩子生长在所谓“干事业”的忙人家庭，当父母都忙于各自的事业，奔波于名利场，那被“遗下”的未成年孩子们自然就缺乏完整的家庭教育。卢梭不止一次地告诫这样的父母：“如果父母亲不在其职，我可以向他预言，他将因为他的错误而流许多辛酸的眼泪，而且永远也不能从哭泣中得到安慰。”我们有些问题儿童的心理和暴力行为问题，证明了卢梭这句话的深刻寓意。

父母角色的混乱、错位、越位和不到位，都会给孩子的人格、性格、心理发展带来不良后果，甚至是严重后果，不仅会影响孩子自身的成长，也牵累孩子的事业和生活，这种影响可以理解为家庭文化遗传或家长无意识传递。更为严重的是父母与其他社会角色的混淆，带来的是父母角色的现实空缺或错位。

现在大多数父母角色误区有种种表现，大致可归纳为五种。

误区之一，父母是老师，缺位的是孩子的生理健康保障、心理成长陪伴。

家庭与学校是孩子成长的两个环境，父母和老师在孩子成长中是两个不同的角色，有许多父母把大量精力不是放在做父母上，而是帮助孩子学习上，不仅陪同上校外班，甚至帮助孩子完成作业，超越了自己的角色。多项调查发现，大部分父母像老师，只关心孩子的学习；或者像保姆，对孩子生活的方方面面安排得无微不至，唯独不像父母。这是孩子们在最崇拜的人的调查中将父母排在后面的主要原因。家长们乐此不疲的“早教”安排恰恰成了孩子们早年的不良心理经历，为孩子的心理成长种下了祸根；社会交往中的困惑，尤其是青春期（自我定位期）得不到正确指导，对于未来成长直接造成严重损害。2012 年 9 月青岛电视台播放的《孩奴》是一部家庭教育的反思片，揭示的问题和启示是多方面的，较为典型的是母亲角色越位造成的不良后果。

误区之二，父母是艺术指导，不到位的是做人表率、人格完善。

几乎所有的人都懂得，要做事先得学会做人，教育孩子先得教孩子怎样做人。然而不少家长由于期望过高，整天忙于陪同孩子上各种艺术班，有的甚至比孩子自己都学的多。家庭的大部分时间里，父母成了孩子的陪练或者艺术指导，孩子放学后和节假日，家庭变成艺术课堂。

误区之三，父母是“奴隶”，不到位的是生存能力培养。

都说我们的孩子们“玻璃化”了，无法应对生活和竞争的压力。那么，是什么让孩子们无法撑起一片自己的天空呢？究其根源，我们的父母习惯以爱的名义来越俎代庖，太多地去“替代成长”，该孩子自己动手的，被家长抢着做了；该孩子自己去承受的风雨，被家长给遮挡了；该孩子自己去承担责任的，也被家长一并承担了。父母成了奴隶，孩子成为废人，前一阶段是父母代替成长、不让成长，后一阶段是孩子拒绝成长、不会成长。就这样，我们的孩子成了玻璃人，成了温室花。

误区之四，父母是过客，不到位的是对孩子发自内心的爱和持续不断的责任。

快乐、和谐的家庭氛围能给孩子带来安全感和成长动力，家庭和睦是培养优秀孩子的土壤，而这一土壤的底肥是不可替代的父母关爱。有许多父母或因工作忙，或因职务和挣钱，不能与孩子在一起，陪伴孩子的任务交给了孩子的祖辈，父母往往匆匆而过，家庭里没有那种活泼和睦的气氛，只有祖辈们一味地顺从和溺爱，而这种顺从和溺爱难以替代父母第一序位给予的安全和情感。

误区之五，单边教育，不到位的是完整的人格培养。

有不少家庭是一人承担养育功能。有些是男孩子父亲管，女孩子母亲管；有些是不管男孩子还是女孩子都是母亲管。其实，一个人的成长中，父爱母爱缺一不可。男人必备的品质是：自信、坚韧、宽容、担当，这四个词加起来就是父亲的风度，“风”是一种力量，“度”是一种分寸，拥有这四点的父亲，就是不说话，他的教育也已经做完了。女人必备的品质是温婉、贤淑、知性、善良。这四个词加起来是母亲的美德，拥有这四点的母亲，她的一言一行、一颦一笑就是最好的教育和滋养。一个没有母亲的单亲家庭教子的第一难题是培养孩子的安全感和信任感，一个没有父亲的单亲家庭教子的第一难题是培养孩子的自信心。

俗话说：男人是泥做的，女人是水做的，那么，父亲就是山，女人就是河。山是靠山，山是支撑，山是后盾，只要这座山依然挺立，家庭就有依靠；河是源泉，是生存之基，是生活之自然流淌，只要河水依然流淌，家庭就生机盎然。一个不具宽容心的父亲，很难养出一个宽广豁达的孩子！一个能力欠缺又事事依赖的父亲，很难培养出自信勇敢的孩子！一个工作无信心、生活无耐心的父亲很难培养出坚忍不拔、持之以恒的孩子；一个不懂得柔弱的母亲，很难培养出一个自信的孩子！一个性情焦躁的母亲难以培养出心神宁静、性格温和的孩子！一个斤斤计较、喋喋不休的母亲难以培养出善良慧中的孩子。

随着社会的发展，男人在家庭以外奋斗的时间越来越长，因而停留在家里尽父之责的时间越来越少，父亲对孩子的教育，慢慢淡出了家庭。从小学到中学的家长会，清一色的母亲，很多亲子教育的学习班，齐刷刷地一群母亲，就算零星点缀着几个父亲在其中，最后也会一边接着电话一边夹着背包提前匆匆退场。为人父者的理由大多是“没时间”“太忙”“顾不上”“有孩子他妈呢”“有保姆呢”“老师管着呢”“我在外面这么辛苦不就是为了孩子吗”，这是对父亲角色的误解。

家庭教育中父母缺一不可，离开了谁都是有缺失的，他们既有分工又有协作。母亲是用情感的纽带，连接其与孩子之间的互动，给孩子阳光。而父亲，是孩子的精神导向，是一种自信的力量，这种力量能推动孩子在成长路上大步前进。正是父亲和母亲对孩子教育的相辅相成，成就了孩子的健康成长！

话题七

爱要有条件和界限

——无条件的出发点与有条件的过程相结合才能不忘初衷

父母讲原则，孩子才有底线。我们总是以各种美妙的语言赞美无私的爱，问题是在现实生活中，往往把无私与无条件等同，于是有了爱的泛滥、爱的无度、爱的无任何条件，结果物极必反，由爱趋害，事与愿违。因而爱是无私的但却是有条件的，爱要公平、科学、有度，爱要纯粹、理智、真诚，爱也要讲原则。不理性的爱，爱得越多离初衷越远。

案例：

电视剧《双胞胎》讲述的是一对夫妇已有三个女儿，一直盼望生个儿子，可一生却是双胞胎男孩。由于家境贫寒养不起，只能将其中一个送到了农村一个普通家庭。两个不同的家庭用不同的方式养育着孩子。留下来的男孩子成了家里的掌上明珠，一切都先满足他，父母娇惯他不惜得罪三个女儿，养成了霸道、任性、唯我独尊、以自我为中心的性格特征，从来不考虑别人，不管家里有什么困难，依然我行我素。有一幕场景非常典型地投射出父母无原则无边界的“爱”导致的恶果。父亲在医院住院，送到农村长大的儿子远道赶来一直守候在病床前，而病中的父亲依然牵挂身边长大的儿子。让守在病床边的送出去的儿子问问他工作是否顺利，正在打保龄球的这个儿子谎称在外采访不能去医院，并粗暴地挂断电话。这就是父母不对等的爱、不理智的爱造成的后果。

点评：

与任何事物发展一样，爱也是有条件的，爱也是有度的。很多父母都觉得自己的孩子天生聪明善良，不用教化随着年龄的增长会变好。因而总是以孩子还小为由，一次次地放任，期望他有一天良心发现，一下子就懂得分担责任、分享快乐、帮助他人、谦让宽容，这当然是天方夜谭。除非发生家庭或人生的剧变，三岁看大、七岁看老，概莫能外。多数熊孩子是被溺爱出来的，所有杀母弑父、欺师灭祖、弃父母不养的人都是小时候被放纵出来的。

父母对孩子的爱天经地义，但爱的性质、方式、方法却有天壤之别。

春秋战国时期有个“名与实”的哲学讨论，“名”指的是概念、观念，“实”指的是概念反映的客观事物。孔子很重视“名”，他说：“名不正则言不顺。”而《吕氏春秋》中认为事物的价值在其“实”，所谓“良剑期乎断，不期乎镆铘；良马期乎千里，不期乎骥骜”。有史以来，现实生活中，关于“爱”的名与实问题一直困扰着我们，在全民高度关注教育问题的今天，这个问题的困扰更加突出了。“爱”的出发点和理由，在许多家庭和个案中名不符实，以爱之名行害之实的情况常有。

不论是在西方，还是在中国，监护都有双重含意：一是看护；二是监督。所谓看护，是父母要履行为人父母的天赋责任，保护好孩子的生存安全，维护好孩子的成长环境，确保孩子快乐和安全；所谓监督，是指父母要履行好家庭和社会赋予的责任，引导孩子的思想和心理，监督孩子的行为，确保孩子健康成长。对于中国目前的多数家庭来说，看护有过之而无不及，监督却失之甚多，甚至不知监护为何。因此，才会有那么多的孩子思想幼稚，心理偏激，人格缺失，行为失范。

满足孩子的愿望、要求，要讲原则、讲限度、讲技巧。延迟满足只是其中一种方法，部分满足、奖励性满足、超前满足、不予满足等，都是在具体情况下可选择的可靠方法，在孩子成长的过程中几乎每天都会遇到。

给孩子快乐的童年，是许多家长的共识，问题是什么是快乐，怎样才能快乐，怎样才能一生快乐。给孩子快乐的童年不等于满足孩子的一切要求，也不等于不给孩子任何约束。聪明的父母是在任何情况下都讲原则的，伦理、法理、社会公理的原则是父母教育中必须遵循的，否则长大成人后“无底线”就是其行为模式。满足孩子的一切要求，不科学也做不到。因为如不加限制，任何人的欲望都是无止境的，在一定情况下孩子的非理性愿望更难以满足。对一个心智不健全的孩子来说，他们的所有愿望基本出自本能，而本能与理性往往格格不入，本能是具有破坏力的。美国哲学家赫伯特·马尔库塞在《爱欲与文明》第一章中说：“本能之所以有破坏力，是因为它们无时不在追求一种文化所不能给予的满足。非要给予这种满足，就是给予不加限制的、不理性的爱，而未加控制的爱欲，同其对立面死亡一样是命运攸关的。”童年无限制地满足往往是以短期满足牺牲一生的满足与快乐，对孩子关怀的“无微不至”本来就是一种无形的伤害。

爱要真诚，要名副其实，并不是每个家长都认真考虑过的问题，不真、不诚、不实、不理智的问题确实是当今中国家庭教育中比较普遍的问题。用哲学思考方法归纳一下，我们会有深刻而又清晰的两条脉络：一条是遵从客观规律的有意教育培养。这种爱可能会以孩子的成长为核心，真心实意地考虑孩子的身心健康和知识与经验的成熟。常常听到这样的话：“你的未来靠你自己，爸爸妈妈帮不了多少，你就大胆闯吧，真不行回家还有饭吃，有地方住。”这种爱“名副其实”，孩子的心理感受是，爸爸妈妈的爱没有条件，只是为了孩子，因而可以叫作“爱”；另一条是发自主观愿望的刻意教育培养。这种爱一般是以自己为核心，以自己的愿望、期待来考虑孩子的生存与发展，用自己的经验和理性来规制孩子的生活和学习。常常听到这样的话：“你只管学习，别的事有爸爸妈妈，你要不好好学习，没有人能养活你。”这种爱“名不副实”，孩子的心理感受是，搞了半天我是为爸爸妈妈学的，原来爸爸妈妈的爱是有条件的，因而应当叫作“害”。

善与恶、爱与恨是矛盾的两极，但又在极端中相互转化，这就是所谓物极必反。许多父母在养育孩子的过程中，一味地、无限制地付出时间、精力和金钱，结果却因善而交恶，因爱而生恨。儿子临刑前咬掉母亲乳头、女儿30岁仍啃老，还骂父母混蛋，就是生活给予的答案。因而，给予限制、提出要求恰恰是爱的体现。不管几岁的孩子，都是要让其做那个阶段应当做的事，而且要让其学会关心别人，学会与别人分享，学会帮助别人。

在相同的社会环境中，有的孩子身心健康，有的孩子却多多少少有这样那样的心理问题，排除家庭重大变故和遭受严重挫折引发心理应急障碍外，与家庭早年的认知教育、习惯培养和环境造就有关。

早年长期不科学或不恰当的养育方式，必然造就错误的人格倾向及扭曲的性格特征，在后来的自我与自然、自我与他人、自我与非我的关系处理中势必产生矛盾和冲突，在这些矛盾和冲突超出自己能够承受的范围时，心理问题甚至严重心理问题随之产生。

长期积累的认知在每个人身上都会自成体系，对于能够终身学习的人来说，这一体系会随时调整充实，而对于大多数人来说，难有根本改变；长期养成的习惯模式、行为特征更难改变，如有改变一定要脱胎换骨，而少有人能做到。因此，相对来说，同不良心理体验和心理事件冲突引起的心理问题正常咨询干预相比较，这些人做心理咨询效果甚微。

弗洛伊德认为，人的本能遵循的是快乐原则，凡会引起快乐的事情，总是想尽一切办法去做，而凡引起不快乐的事情，心底里都是不愿参与的。如果每个人都是这样想这样做，人类一定会回到茹毛饮血、弱肉强食的原始蛮荒时代，本能的快乐原则如不加限制，一定会与文明、制度、规则、法律相冲突。而理性遵循的是现实原则，表现为愿望、行为与社会环境、文明精神、规则法律基本相容。因此，让本能向理性过渡，让快乐与现实一致是教育孩子必须遵循的理念。弗洛伊德关于本能到理性、快乐原则到现实原则转变早已说得明明白白。种族发展经历了这样一个过程，个体发展也应实现这一转变。早年婴幼儿时期是最好的转变阶段，其转变基本可通过信号刺激，像训练小动物一样在无意识状态下实现过渡，这种转变的成果就是个体无意识的形成，这种在不知不觉中接受的就是人类已经有的文明和规则，其中包括家规、校纪和国法。在这一转变中，小小婴童懂得了廉耻、能够受制度和规则约束、懂得了得到的东西都要靠付出来交换，也就成了真正的“人”。就其方法而言，明智的选择是从为所欲为到限制欲望，只有这样才能使快乐符合现实，才能让快乐持久。理想的过程是从本能占上方逐步过渡到理性占上方，理想的状态是本能受理智的约束。

任何事情都是有条件的，所谓无私的爱只是就出发点和落脚点而言，爱的过程却往往要设置种种条件，否则爱就会走向其反面。时时严格是爱，处处关怀未必是爱；留出空间让孩子自己独立是爱，事事想得周到体贴、细致入微未必是爱。爱发自以情所以无私，处之于理所以有道。

让孩子学会为了得到延迟的、受限制而有条件的，但却安全的、可持续的快乐而放弃暂时的、不确定的、没有未来的快乐是非常明智的。然而，机械生硬的限制，对于一群大人围绕的孩子来说，似乎有些困难。以任何人都要劳动才有果实，进行“替换”是一个有效办法，这种办法一旦有了良好开端，就将成为引导行为之前提，由此引导的是劳动后享受、做作业后玩耍、享受自己的快乐时光，这就逐步建立起了多劳多得、少劳少得、不劳不得的合理观念，也养成了工作、学习、休闲合理安排的模式。

美国乔辛·迪·波沙达的《孩子，先别急着吃棉花糖》通过描述参加过斯坦福大学棉花糖实验的爸爸乔纳森，告诉我们怎样通过“延迟享乐”让您的孩子学会管理自己，变得自信、快乐、热爱学习，养成受益一生的好习惯。美国斯坦福大学有一个著名的实验：让一个孩子单独待在房间里，给他一颗棉花糖，告诉他，如果他能坚持15分钟不吃这颗棉花糖的话，会再给他一颗作为奖励。10年后，经过调查，研究人员发现：能够坚持15分钟不吃棉花糖的孩子，长大以后，不论是在事业上还是在人际关系的处理上，都比那些马上吃掉棉花糖的孩子优秀。

对于进入学习阶段的孩子，可通过强化求知欲，克服占有欲，通过学习掌握自然规律和社会规律，从而为自己一生的快乐和幸福奠定基础。赫伯特·马尔库塞在《爱欲与文明》中说：“人类的需要，如果不加限制、节制或延迟，就无法在此得到满足。换言之，要得到任何可能的满足都必须工作，必须为获得满足需要的手段而从事颇为痛苦的劳动。”

孩子在3岁前，只能说是生理意义上的人，由此3—5年的时间经历的是一个由生理的人向社会的人转变的过程。孩子们逐步适应社会的过程如同小动物学会适应大自然，孩子早年会不停地出错，最初的本能行为会一次次与规则、制度、规定冲突。允许出错，但必须纠正，孩子们正是在这种冲突与规制中成熟和成长的。如果对孩子规制过度，孩子将会用近乎完美的标准要求自己；如果规制过松，或不加规制，孩子将始终甚至终生不成人，其语言、行为均也会与社会规则格格不入。

溺爱孩子的家长没有原则，对孩子百依百顺，有求必应，常当众夸耀孩子的长处和优点，处处为孩子的缺点辩解。学界普遍认为，对少年儿童的放纵和溺爱，将使其形成自我中心主义，这类孩子骄横跋扈且对他人没有同情心，这种个性将成为其成长道路上的危险因素。

大部分问题孩子是被溺爱出来的，大部分作恶的成人是被放纵出来的，关键是怎样做到不溺爱、不放纵。

现在有些家庭的父母尤其是祖辈都会以爱的理由溺爱孩子，而且爱得自私、功利，要么把孩子的发展当成自己成功的路径，要么把孩子的成就当成自己荣誉的标签，要么把孩子当成自己老年生活的寄托，唯独不考虑孩子的健康可持续发展。

今天，我们的不少孩子要自由，却不要自立；要父母的宠爱，却不要传统的孝道。2014年5月有一条新闻播放了南京地铁上一个5岁左右的熊孩子，恶狠狠地用水壶摔打、用脚踢自己奶奶的视频，这位奶奶可能会感叹孩子越来越难管，但不一定能认识到，孩子的行为恰恰是她自己一手造成的。

现在熊孩子真的不少，好像是批量生产似的。然而，具有讽刺意味的是，大多数人嘲笑别人家的熊孩子时，却不知自醒、自警和自律。殊不知没有无因之果，也没有无果之因，种善因，才能有善果。长期的溺爱之因，岂能有突然成熟之果。

增强孩子的生活能力，比为孩子提供优越的生活环境更为重要。有人提出所谓“科学”养育理念——女儿要富养，男孩要穷养，这是一个不证自明的伪命题。这个命题与“家里又不是没条件，何必让孩子受苦”具有同样性质，都会让我们的孩子成为伪命题的牺牲品。2012 年冬季青岛电视台播放了一部电视剧《那样芬芳》，围绕荣芬芳与林强兄弟俩的感情纠葛展开。主题是伦理，却投射出高董事长两个女儿不同命运及不同生存能力的对照。荣芬芳从小遭高抛弃，跟随姥姥长大。林强的始乱终弃，让她生下一个先天聋儿。但无论身处何种困境，她依然坚强、充实。而她同父异母的妹妹，有着十分优越的生活环境，同样遭受林强背叛后却无法自拔，两个女孩一个富养一个穷养，穷养的能够生存，富养的却不能。事实上，不论男孩女孩都应当经受磨炼，只不过女孩子要细致养育、要多关怀些，男孩子可放开手脚，让其大胆闯荡。

2011 年下半年，山东电视台播放了一则新闻《奔跑的男孩》，德州一名 13 岁中学生，每天上学、放学都在奔跑，因为他要挤出时间照顾半身瘫痪的母亲，这是一则励志故事，同时，也说明了孩子的生存能力非常强大。

智慧的家长都是讲原则的，是守底线的。每个人都有自己的位置，都有自己的责任，不管是大人还是孩子，也不管是男孩还是女孩，几岁就让其做几岁的事，这就是不溺爱；违反人之常情的事、违反法纪的事、违反道德的事、违背社会规范的事绝不允许，这就是不放纵，这就是原则，这就是底线。要让孩子在做事中学会担当、学会分享、学会协助、学会谦让。

话题八

依规治家与依法治国同等重要

——没有家规的家庭必定难逃紊乱的亲子关系图圄

俗话说：“没有规矩不成方圆。”这个规矩在国家叫法律，在公司、机关、学校叫制度，在家庭就叫家规。推进依法治国与实施以规治家性质相同，依规治家与依法治国同等重要。

案例：

李明（化名）走进咨询室，眉头紧锁，唉声叹气，叙事混乱，不到10分钟，说了四次“没法过下去了”。咨询师通过耐心倾听、充分共情，终于清楚了他的诉求：他和妻子都是大学生，在各自的工作中能力都很强，也都是中坚力量，可就是在一些事情上想不到一块儿，双方总是在一些看似简单的日常事务上矛盾重重。随着孩子一天天长大，在孩子的教育管理上冲突更多了，两家的老人也纠缠其中，各说各的调，各做各认为对的事，夫妻关系、亲子关系、代际关系一团糟，按说已经进入不惑之年，但依然生活在困顿之中。经过几次咨询，咨询师了解到他们夫妻的世界观和价值观差异并不大，但对亲友、对朋友、对亲子之间交往没有一致的观点和规矩，夫妻之间从恋爱至今，从未考虑过要有一些大家都要遵守的规矩，不仅小家没有，双方的大家庭也没有。

点评：

许多家庭不重视家规的确立与执行，这恰恰是许多家庭矛盾多发的重要原因。在婚姻登记处了解到，不少夫妻离婚恰恰是因为没有统一的家庭行为准则。俗话说“家有家规，国有国法”，意义就在于此。家规或家训一般围绕修身、治家、处世、治学来制定，涉及道德伦理、学业志向、意志情怀、家国社会等，许多家庭矛盾都会在这些规矩的落实中得以化解。当前流行全球的《弟子规》是清康熙年间山西古绛州秀才李毓秀撰写的，短短1080字，列述了弟子在家、外出、待人、接物与学习的守则规范。最早叫《训蒙文》，也即启蒙读本。南北朝时期思想家颜之推的《颜氏家训》应当看作是《家规》之鼻祖，历代有司马光、欧阳修、朱熹、王夫之、郑板桥、曾国藩等“家训”问世。这些历史名人之所以能名垂青史，与其家族家规的确立、践行与传承密不可分。笔者是山西绛县人，原属古绛州。笔者上大学第一次读到《弟子规》时，笔者深切感受到其中大部分内容与笔者家的许多规矩完全相同，笔者的行为风格正是在这些规矩规制中，在家庭观念影响尤其是父母的言谈举止影响下自然形成的。

家庭文化是孩子成长中家庭环境影响的深层结构，而家规是这一结构特性的外化。

恩斯特·卡西尔在《人论》中说：“人是文化的动物，人只有在文化活动中才成为真正意义上的人。”人成为人的过程，离不开家庭的熏陶，家庭是人成为人的苗圃。值得注意的是，家庭文化体系不是知识体系，而是家庭作为集体一脉传承的对于世界、价值、人生的共同观念。家规往往与家庭文化直接相关，从某种角度上说家规是家庭文化的外在表现形式，一个人的行为体现的是家规，传承的却是家庭文化。

没有规矩不成方圆，任何家庭都要有家规。

规则意识无论在什么地方都是人与人正常交往的前提，只讲道德，不讲规则，道德观念难以变成人的行为，言行不一就是规则不起作用的结果。正如胡适说的：“只要人人都讲规则，而不是空谈道德，国家最终会变成一个有人味儿的国家，道德会自然回归，人性才能向善有序。”制定家规表面看似乎不必要，其实非常重要。与国法、校纪相匹配应当制定相应家规。这样才能使得孩子甚至家庭其他成员都按规矩规范自身的行为。孩子教育中出现的许多问题无外乎思想、心理和行为三个方面，一般孩子不会与国法和校纪冲突，但却往往与家长的要求冲突较多，假如有了家规，家长与孩子的冲突将会大为减少。

一个民族有自己的地域、文化、宗教等特征，一个家庭也有自己的遗传纽带、家庭行为习惯、家规传统。一个没有家规的家不成其为家。特定的家规总能表现为特定的家庭风格、特定的家庭环境、特定的家庭行为模式。孩子与孩子的不同，表面上看是不同家庭的特定行为模式，深层的体现是这个家庭的家规。

现代人制定家规要有现代人的基本原则，不同于封建家长制，要体现科学、民主、平等、公正的原则，一般按照四个层次设计：一是涉及道德、责任、生存、安全方面的应当视作硬性规定，必须遵守；二是涉及习惯、爱好方面，可在几个可行方案中选择，但有必选性和任选性之分；三是涉及能力、社会交往方面的要在父母指导下或听取父母的意见和建议；四是家规不仅是制定给孩子的，也是制定给父母的，家长的行为示范十分重要。

现在有许多人甚至公司都在学习借鉴《弟子规》，但就像当前国学热存在的问题一样，《弟子规》热也存在偏差，甚至严重问题。一是时代背景不同，经济基础、社会环境、时代要求均不同，有许多要求是现代人做不到，或者要有现实的解释和创新的，比如说“父母呼，应勿缓”，又比如说“父母责，需顺承”等；二是不领会其中的传统文化精髓，直接搬用，难以实现超时空的链接；三是没有结合各自家庭特点和孩子的个性特征，形成特定的个性化家规。

制定出家规一定要认真执行。父母及长辈除了自身示范表率外，要上下左右协调一致，依照共识统一步调。聪明的做法是夫妻两人互补，一个人监督惩戒，另一个人负责监督惩戒界限和度，或在惩戒过程中疏导情绪、引导认知，引导孩子引以为戒。祖辈与父母之间要协调一致，依照共识统一步调。经验告诉我们，一个家庭在教育孩子的事情上只能是一个领导，一个配合。否则，常常出现意见相左的行为，会让孩子无所适从。这样做的结果，就像治疗身体疾病长期不按计量或不按规定服药一样，会产生耐药性，使得不良行为得到顽固性强化。

注重家庭、注重家风、注重家规是当代中国教育的明智选择，而这三个注重首先要教育父母，教育父母也要有一整套如同《弟子规》一样的方略。

在家庭中，父母既是家规执行的监督者，又是表率，制定出的家规是家庭成员共同遵守的，家长首先要做到。同时，你可以指出孩子的错误，但不能不让他改正，也不能替他改正。孩子需要引导，而不是需要大人迁就。

2015 年大年初一，中山市国学促进会向全球华人发布了由曲莫先生创作的《父母规》正版全文。这种做法是可取的，而且填补了家庭教育中父母行为准则的空白，在子女教育中的确应当考虑给父母定一些规矩。但采取复古的方式，并辅之以注解，仍需大多数父母花费大量时间弄懂其内涵，无法直接遵循，自然起不到应有的作用。

相比之下，德国妈妈的岗位说明书似乎更符合现代教育的要求。德国是个哲学、逻辑学和心理学都十分发达的国家，哲学的智慧、逻辑的严谨、心理的科学对其经济和社会发展的指导性作用全球闻名，对子女教育的影响也显而易见。有人总结了德国妈妈的岗位说明书，我觉得那就是德国人的《父母规》，其中包括十条行为准则和八大岗位任务。十大行为准则：不要多帮孩子、为孩子的大部分缺点负责、以身作则、孩子跌倒让其自己爬起来、不要让孩子埋下暴力的种子、让孩子学会争辩、引导孩子学会爱与被爱、让孩子在碰撞中成长、不以自己的经验代替孩子的感受、让孩子明白规则和秩序的地位。八大岗位任务：能力与成绩、身教与言教、尊重与权威、吃苦与吃补、规则与宠爱、放养与圈养、自由与限制、自律与控制。除此之外还有六十二项规则。笔者想我们有悠久的文化传统，有丰富的教育思想精髓，偌大一个民族应当建立系统的父母培训体系，并在亲子实践中不断修改完善。

子女教育的第一个阵地是家庭，家庭教育的历史渊源是家庭文化传承，家庭教育的主导者是父母，家庭教育的能量和动力是父母的责任和能力，家庭教育的有效途径是父母行为的引领。孝悌应当成为代际传递的家庭文化习惯的传统，这一习惯和传统直接影响了孩子的家庭道德行为；礼让应当成为代际传递的家庭处世模式和风格，这一模式和风格直接影响孩子的家庭观、幸福观乃至社交观。在家庭教育问题上，提要求不如讲道理，讲道理不如摆事实，摆事实不如做表率。

正确处理代际在教育子女中的关系，是中国人家庭教育面临的严峻课题。

家庭内环境，或者家庭支持系统，是孩子成长的第一现场，也是孩子健康成长必不可少的最重要的支撑。良好的代际关系是传承家庭文化的必要条件，也是孩子健康成长的必要条件。科学地搭建孩子成长的支持系统，维护家规的权威，必须处理好代际的关系。

加强祖辈、父母与子女之间的有效沟通应当成为孩子教育的必修课，这一课程要以祖辈的开明为前提。祖辈和父辈的合理分工应当成为经常议论的话题，这一做法是避免破窗效应的有效途径。最难以处理的是祖辈以“孝心”和“爱心”两个看似顺乎天理人伦的观念影响甚至主导了孩子的教育和成长，这种主导是孩子心理成长扭曲、生活能力弱化的一个重要家庭根源。孝心在中国文化背景下是必须坚守的优良传统，问题是“孝心”如果偏离了道理和规律，就成了狭隘的读心术，其“孝心”也只能是愚孝，这种愚孝往往使年轻的父母一次次中止了自己应当坚持的原则和方法，有的甚至影响了父母与子女的感情。

在代际交往中，许多老人在养育孙辈中，摆不正位置，严重越位甚至全权替代，剥夺了父母养育教育的权力，致使下一代成长中缺乏完整的父爱和母爱。更为严重的是在一些非常传统的家庭中，老一代不仅替代、包办，而且控制了孩子的教育，由此导致年轻父母感情不和甚至婚姻破裂，有不少年轻父母离婚的主要原因正是老一代对年轻人家庭生活的干涉，“被离婚”的案例并不鲜见。

隔代亲天经地义，难以割舍，也不应当割舍，但隔代亲应当筑牢理智堤坝。

祖辈和父辈都爱孩子，这是毫无疑问的，但两个层次的爱往往有很大差异，甚至严重冲突，这是由两代人的不同心理、生理的需求特点决定的。大部分父母的育儿初衷是让孩子尽快成长、成熟、独立，而祖辈的初衷却是孙辈绕膝承欢，以解孤独寂寞之困境，不同的立足点必然导致意见分歧，许多祖辈身居“庐山”而不识其真面目。

祖辈有两个显著特点：一是由于生存能力减弱，对生活中诸多平常事焦虑、担忧增多。不仅自己谨小慎微，也对孙辈的安全过分担忧，导致对孙辈的过度保护，许多孩子可以自己完成的事情，一概代替，剥夺了孩子们探索的欲望和自我成长的机会。这是父母最放心的，也是最不放心的。二是由退出工作进入养老状态关注和照料需求上升，反而回归关注自身大于关注其童化特征，老小孩表现日益显现。他们大部分不再学习，对孩子不同年龄阶段的生理、心理、行为特点知之甚少，仅靠过往经验和传统观念，缺乏正确的引导方式，冲突在所难免。有的甚至连教育自己儿女时的一些成功原则和规律都随意放弃，对孙辈的养育既无原则也无章法，一味地溺爱和娇宠，致使孩子不论对错，不辨是非，任性骄横。

年轻的父母通过工作、学习、网络、社交接受了大量先进育儿理念，相比之下教育子女更加客观、科学。让老人带孩子最大的好处是，年轻父母可以更加从容干事业，并且可以腾出更多的时间充实提高自己。但弊端是淡化了父母与子女的感情，放弃了教育孩子的责任。显然，聪明的办法是父母要对孩子负责，就要不怕吃苦受累，祖辈要么摆正位置合理辅助，要么放弃干预颐养晚年。所以，我赞成李肇星在谈及老年人健康时说的“爷爷奶奶好好学习，孙子孙女天天向上”。

试想一下，谁能在一个没有温馨、父母常不在的家里生活得快乐呢？日复一日，年复一年，天然的血缘关系不能增进，家庭逐渐变成了一个没有规矩、没有伦理纲常、没有正常代际秩序的地方，那孩子自然就抵御不了社会里的不良风气。

话题九

家庭教育的真正目的是教会孩子自己成长

——成长说到底是孩子自己的责任

子女教育的真正目的是教会孩子自己成长，老师和家长都无法伴随孩子一生，孩子的成才、成熟和发展最终依靠的还是自己。家庭教育可以让孩子身心健康，学校教育可以提供让孩子发现自己才能的机会和自我发展的基础，但归根结底，有能之才要靠孩子自己，成大器、有大用往往是孩子自己努力和选择的结果。本书的一个重要方向就是启发孩子的主观能动性，使其尽早进入自主发展的轨道。

案例：

2014 年 5 月《重庆晨报》刊登了一篇名为《10 岁的肩膀撑起一个家》的文章。说的是重庆渝北区古路镇百步梯村的女孩李春玲，6 岁起就照顾卧床的奶奶，被当地人称为“慈孝女孩”的事情。每天清晨天刚亮，渝北区古路镇百步梯村的农家小院里，会看到一个瘦小的女孩端着谷子，先是到鸡圈里喂鸡，然后到厨房麻利地生火、淘米、熬稀饭，把稀饭端给卧床的奶奶之后，才背着书包走山路去上学。这是 10 岁农村留守女孩李春玲的早晨，每天都是如此。

与此相反的另一个例子：

《武汉晚报》消息，某市一男生考上湖北科技学院后，该男生妈妈担心儿子生活不能自理，竟给儿子备了 30 双袜子，还约定 1 个月后到学校为儿子做一次总清洗。据说，这样的做法，还是召开家庭会议后家人一致决定的。

点评：

长久以来，家长都认定“子女教育的目的是培养其成才”，这几乎无人反对，然而，问题可能就出在这里。其实孩子的成才与否最终靠的是自己，真正的教育不是给予而是引路。父母的职责主要是培养孩子成人，学校的职责主要是传授知识和技能。有良好品德、健康身体、必备的知识，长大自立，这才是家庭和学校应当完成的任务，仅此而已。父母的替代和学校的越位，只能让孩子退化。

教育的目的是教会孩子们成长，即教会孩子们自主发展。

美国前总统奥巴马在 2014 年 9 月 8 日对学生作了一个十分精彩的演讲，题目为“我们为什么要上学”。他说：“你们每个人都会有自己擅长的东西，每个人都是有用之才，而发现自己的才能是什么，就是你们要对自己担负的责任。或许你能写出优美的文字，甚至有一天能让那些文字出现在书籍和报刊上，但假如不在英文课上经常练习写作，你不会发现自己有这样的天赋；或许你能成为一个发明家、创造家，甚至设计出像今天的 iPhone 一样流行的产品，或研制出新的药物与疫苗，但假如不在自然科学课堂上做几次实验，你不会知道自己有这样的天赋；或许你能成为一名议员或最高法院的法官，但假如你不去加入什么学生会或参加几次辩论，你也不会发现自己的才能。归根结底，你的生活状况，你的长相、出身、经济条件、家庭氛围都不是你疏忽学业的态度和借口，这些都不是你去跟老师顶嘴、逃课甚至辍学的借口，这些都不是你不好好读书的借口。”很显然，奥巴马演讲的主题是“成长是你们每一个人自己的责任”。

有人认为教育有两个基本功能：一是提升能力范围；二是帮助孩子在社会上赢得竞争。表面上看这比应试教育好得多，但这仍是外因论的思维路径。对此，早在古希腊时期已经有人给予了精彩论述。在古希腊有些所谓智者宣称他们能把灵魂里原本没有的知识灌输到灵魂里去。苏格拉底嘲笑道：“好像他们能把视力放进盲人的眼睛里去似的。”苏格拉底指出，求知是每个人灵魂里固有的能力。“教育即生长”，言简意赅地道出了教育的本义，就是要使每个人的天性和与生俱来的能力得到健康生长，而不是把外面的东西，例如知识灌输进一个容器。懂得了“教育即生长”的道理，我们也就清楚了教育应该做什么事。比如说，智育是要发展好奇心和理性思考的能力，而不是灌输知识；德育是要鼓励崇高的精神追求，而不是灌输规范；美育是要培育丰富的灵魂，而不是灌输技艺。

替代成长和拒绝成长是问题孩子成长发展的两个阶段。笔者在《生存教育在家庭教育中的地位》的演讲中提到，在中国六个大人管不好一个孩子，而在国外一个人可以带几个孩子，是中国人无能呢，还是外国人太能干了？当然都不是。要么出于爱，要么出于担心，要么出于效率，在孩子未成年时，许多父母总是愿意代替孩子做孩子应该做的事，这就是代替成长。几个人带一个孩子与一个人带几个孩子，差别在于一个是关心得无微不至，孩子没有了任何生长空间；另一个是让孩子自然自由成长，让孩子争取自己的空间。代替的结果是孩子的经验、心智发展缓慢，甚至停滞；感知和理性发展不健全，甚至严重扭曲。孩子们感受不到成长，没有独立人格，甚至没有自我。在他们成年时，父母想放手却为时已晚，孩子们没有成长的动力、没有成长的习惯，也没有成长的经验，不少孩子以种种方式拒绝成长，与家长发生冲突，或逃避，或反抗。因此，不要剥夺孩子成长的权利，也不要代替孩子成长。

事实上，人都有被需要的渴望，被需要是人的深层心理期盼，深藏在每个人的潜意识里，当被需要时，就会感到自身存在的价值，就会把事情做好！懒惰的孩子并不是天生懒惰，冷漠的孩子并不是天生冷漠，往往是父母的替代封存了孩子的潜能，因此，让孩子做事时，告诉他们，这是你自己应当做的；当家长需要孩子帮助时，告诉他们：孩子，我需要你。因为，当人们感觉到自身的存在，并觉得别人需要自己的时候，他们自然会尽力，这应当被理解为本能的人性。

任何人的可塑性都是很强的，有享不了的福，却未必有吃不了的苦。类似这样的案例经常见诸报端，小小少年甚至儿童挑起家庭重担的并非个例，如“水果男孩朱鸿磊相依风湿爷爷　小小年纪挑起家庭重担”“9岁就要挑起生活重担　两孤女艰难撑起破败的家”“没妈没爸小小女童没倒下——一群失去亲人或父母罹患重病的女生面对苦难自强不息”……现实生活中，有这样一群男孩女孩，父母家人或离世或罹患重病，小小年纪用稚嫩的双肩挑起生活的重担，他们勇于面对困难，自强不息。这样的孩子农村有，城市也有。当然，在正常的情况下，我们不必故意给孩子施加额外的负担，几岁就让其做几岁的事情是明智的，也是应该的。做家务时孩子做不了大事可以做小事，外出时孩子提不了大包可以提小包，大人不可以替代，更不可以越俎代庖做一些诸如替孩子背书包之类的事。无数事实证明，既有出息又孝顺的恰恰是那些从小就承担责任的人，只有这些愿意承担自己责任的孩子才可能成为家庭的支柱和国家的栋梁。

孩子的自主、自立是构建独立人格的前提，而自主、自立只有在父母放手的情况下才有可能。

“自主自主自己做主，自立自立自己站立。”仅仅从语言的表层含义就已经道出了真谛。大人们，尤其是隔代长辈对孩子的过度保护和“有求必应”，给孩子提供的是现实扭曲、未来畸形的环境，在家庭以外不具有现实性，一旦孩子离开家庭走向社会很容易会遭受挫折和打击，虽然不排除一部分孩子能够在痛苦中调整，慢慢适应，但也有相当一部分孩子会出现焦虑、抑郁、恐惧、偏执甚至躁狂等心理问题。关在笼子里的驯化动物会慢慢失去觅食能力，过分保护替代的孩子一样会慢慢失去生存能力。许多家长对孩子有求必应、百依百顺，孩子在家里什么都说了算，但却不能独立完成任何一件事，进入社会他想干成一件事总是要有家庭的辅助。

孩子的自立、自主是家长放手的产物，放手越早，自立就越早。做人四样东西必须要有：显在眉宇的阅历、长在心底的志气、融在血液里的骨气、刻进生命里的坚强。任何人若不经历上下求索、内外修炼、步步掘进的化茧成蝶过程，人生将了无趣味。无数个艰辛就是无数道美丽的风景，自立形成过程中孩子是要摔跤的，家长的保护只是保障安全，孩子摔跤要让他自己爬起来。如果关怀过度，毫无原则和底线，孩子就会胆小怯懦。

中国人重视感情，尤其是亲情，然而，这种情感交流有时会缺乏起码的界限。或常常把自己的事托付给别人，或强行侵入别人的生活，亲人之间、朋友之间、同事之间都是这样。帮别人就帮到让人不自在，管别人的事就管到让人烦恼。在教育子女方面，尤其突出。管孩子就管到无事不管，强行服务、强行管理、强行决策相当普遍。孩子摔跤马上扶，即使孩子把自己的手拨开；孩子上学大人背书包，即使是孩子已到初中；孩子考大学大人选志愿，即使孩子不情愿；孩子谈对象大人去相亲，即使孩子难为情……孩子就是在这种越界中逐渐丧失了动力、能力乃至独立人格。父母和孩子之间无界限，是造成孩子依赖、无能、懒惰、自私的根本原因，也是造成家庭关系痛苦的重要原因。

在家庭过度呵护的环境中，孩子无须思考、无须努力就能得到一切，习惯成自然，就失去了独立的能力。大学生的衣服攒一个月，邮回家去让爸妈洗等都是畸形教育的结果。

在当今中国这样的家庭并不在少数：孩子上小学初中时，人太小不舍得让他洗衣洗袜；上高中了学习太忙，不能耽误孩子冲刺高考的时间；如今上大学了，还没有学会自我照顾，要一如既往地照顾……按照这样的逻辑，我们的孩子什么时候能够独立呢？

单纯感性的“为你好”，与理性的“为你好”，出发点不同，做法不同，结果也会完全不同。理性的父母同样充满爱，正如诗人汪国真说的：“不是不想爱，不是不去爱，怕只怕，爱是一种伤害！”

话题十

如何造就孩子的自信和阳光

——父母的信任是孩子自信的根基

不同的人对待事情的看法完全不同。我看是饼，你看是洞；我看是一条线，你看是一道光。乐观的人极易感受到成就和幸福；悲观的人极易感受到恐惧和退缩。没有自立，就没有自强，没有自立和自强，就不可能有较强的自控力，而以上这些又都需要以自信为基础。

案例：

在孩子刚上学时，笔者和爱人就统一了思想，人都会犯错，看待孩子要强化所得，淡化所失。于是我们有一个约定：对孩子的教育要先说好的，再说不足。不要对丢了的 1 分、2 分耿耿于怀，要先看到得到的 85 分、95 分；对于孩子的日常表现，不要老盯着没做好的，只要你经常看他做好的方面，就会发现他每天都在进步。每当考试成绩下来，我们做的事只有两件，我们把它叫作“成长盘点”：一是先竖大拇指，肯定他的学习，85 分竖一根，95 分竖两根；二是分析卷子，找出问题并一一解决。小学时，笔者的儿子有一个错题本，主要是纠正考试发现的问题，纠错过程就是让孩子弥补自己的不足。

点评：

世上没有完美的事，“完美”一词的价值，仅限于人们对完美的追求。抱有完美主义观念的人，不容易有自信，而是比较容易沮丧。但积累成功却让孩子始终乐观自信。

自立、自强、自控对一个人的成功至关重要，然而，“三自”的内在基础是自信，外在表象是自主。

阿里巴巴造就了28个富豪，其中最大的富豪是由此狂赚380亿美元的孙正义。《飞得更高：孙正义传》的作者是日本的井上笃夫，写的就是互联网产业的造梦人——孙正义，一个韩裔日本人，祖籍中国，身材虽不高大雄伟，却志存高远，凭借自己的睿智和眼光在互联网行业成就了自己的人生和事业的高峰。通过阅读这本书，笔者感到，尽管作者可能对人物的形象作了一些拔高，但是书中对青少年时代胸怀远大理想的孙正义的叙述应该是真实详尽的。孙正义在遇到挫折时的自我激励和坚持不懈，不仅给人以鼓舞和力量，也值得我们深思和学习。通过孙正义的案例，我们会发现许许多多成功者的共同点——机遇、付出、勤奋、忍耐，都是必不可少的因素，还要有远大的理想和独到的眼光以及坚持不懈的动力。更让人受到触动的是对目标的极度专一，孙正义带给人们的启迪就是——自信，而这种自信看似并不需要多少理由，其实理由相当充分。

自信就是自我肯定，而自我肯定源于自尊和自我实现，独立生存是最根本的基础。自信不是说出来的，而是靠一次次的成功铸就的。融化在血液里的骨气、蕴藏在心中的梦想、铸就在灵魂里的信念，这“三位一体”是自立、自强、自控的外显，洋溢在脸上的自信多是来自内心的涵养与自信。这些是从小培养出来的，而培养的最重要的方式就是父母对自己要有足够的信心，继而对自己的孩子也有足够的信心，不管孩子是否得过奖，不管孩子的考试成绩如何，不管孩子上没上大学，上的是什么大学，只要孩子有良好的品德修养，知道自己现在在做什么，将来要干什么，并且踏踏实实地追寻着自己的理想，他就会在未来找到属于自己的一片天空。确切地说自信是父母给的，父母的爱、尊重、信任、赞赏是发自内心的，就能给孩子自信；父母放手让孩子自己选择、让孩子自己解决困难、让孩子做力所能及的事、给孩子一定的责任，就是给孩子自信的机会；父母对孩子不嘲笑、不贬低、不与别人比较，就是给孩子自尊自信。

自立与自信是相互促进的。自立的人一般自强也自控，当然也容易建立自信。从古至今，励志成功者数不胜数。我们身边有许多带着父母上学、不花钱上大学而后成才的故事。在多数大学生进入大学，成为“93 学社”（早上 9 时起床、下午 3 时起床）成员时，也有同学在完成课内课程的同时，拿出时间和精力提前进行社会实践，笔者的儿子就是这样。从小学四年级开始，每天晚上 12 点睡觉，早上 6 点起床，大学时依然如此。大学一年级下学期，他进入中科院物理研究所参与课题研究，同时担任北京市大学生创新新能源课题组组长，到大学毕业时他先后参与过大大小小 13 项研究工作，其中几项是自己独立完成的。《青岛早报》2013 年 3 月 8 日，刊登了中国石油大学四年级学生成为“自强之星”的故事。这个大学生四年做了 8 份家教、5 份兼职，还清了家里的 8 万元债务，更为重要的是他了解了社会，积极工作，把握住了自己的命运。

在“三自”中，自立是前提，自强是保障，自控是过程。而自控不仅指情绪，还指欲望；不仅指态度，还指耐力。控制的表层机制是战胜困难，深层机制却是战胜自己。人生在世，所有的成功里，最重要的是成功地战胜了自己；所有的失败，可能有能力问题、机遇问题等，但最大的失败是控制不了自己的情绪和欲望。有了自控并有效地运用自控，就有了成功的主动权。

每天积累成功，每天都会有自信的理由，一生也一定是成功的。

在浮躁、生活节奏日渐加快的当今社会，成年人的一些不当做法，可能会让孩子们失去许多能力。如果父母一味地担心疑虑，孩子可能失去信任的能力；如果父母一味地批评，孩子可能失去赞美的能力；如果父母一味地揭露阴暗，孩子可能失去发现善良美好的能力；如果父母一味地尖酸刻薄，孩子可能失去宽容谦和的能力；如果父母一味地替代剥夺，孩子可能失去独立生存的能力；如果父母一味地忧郁抱怨，孩子可能失去快乐达观的能力。父母的不当行为，留给孩子的将是负面资产。

在笔者看来，积累正能量与积累成功是一回事。一个人时时注意积累正能量，同时，尽力从负能量和破坏性能量中解脱出来，那他一定是个有能量的人，也一定是个能人。

在人生的任何一个时期，每个人都有可能遇到不如意的境况，正所谓“人生不如意十之八九”，而采取的应对策略却有积极和消极两种。采取哪种都会有原因和理由，最聪明的办法是始终看到希望，而看到希望是日常生活中积累成功的必然结果。积极主动地生活与消极被动地生活，会是完全不同的人生。时时处处都能把着眼点放在好的、有利的方面的人总是能看到希望，反之，看到的往往是失望和毁灭。

在通往成功的道路上，总是能找到上千个放弃的理由，真正的成功往往不是靠智慧和能力，而是靠毅力。

乐观的人总是看到做成了多少事，做好了多少事，积累的是成功和快乐；而悲观的人看到的是没做成的事，没做好的事多，积累的是失败和痛苦。乐观的人思维路径是我还有什么，大不了从头开始，生活哲学是不怕摔跤，就怕爬不起来；悲观的人思维路径是我失去了什么，再重新来过困难重重，生活哲学是人生多磨难，最好少摔跤。袁立和斯琴高娃主演的电视剧《母亲，母亲》中有一段情节：当宋家派人烧了侯家仓库时，大家都认为侯家没有希望了。可袁立饰演的侯家大奶奶国秀说：不是还有一半嘛！就靠这一半，还可东山再起。国秀告诉孩子：“你是男子汉，要微笑着去上学。”这段情节给我们的启示是：什么时候都要看到希望，哪怕只有一点点希望。英国作家萨克雷说：“生活就是一面镜子，你笑，它也笑；你哭，它也哭。”如果我们时时能用感恩的心来看这个世间，则会觉得这个世间很美好。树上小鸟的轻唱，太阳无私的光明与热能，路旁花朵的芬芳，都会令你感到心旷神怡。在常人看来，命运之神对霍金是苛刻得不能再苛刻了，可他自己仍感到自己很富有：一根能活动的手指，一个能思维的大脑……这些都让他感到满足，并对生活充满了感恩之心。因而，他的人生是充实而快乐的。对生活、对世界、对身边熟悉和陌生的人、对我们的朋友和对手……真的要感谢他们给了我们这样一份精彩的生活。

其实，人们生活的每一天，大部分情况下总是好的、有利的、成功的，有些人看到的却只是没做好的事、没做成的事，并为这些事耿耿于怀，甚至食不甘味、夜不能寐。习惯于积累成功的人总能透过困境看到希望，习惯积累失败的人看到的只是不幸。时间对于能量的积累十分重要，有时，等待恰恰是破解负能量、避免负能量增长的好办法。当遇到困境暂时无法破解时，等待时机，沉淀自己就是在积累正能量。每天积累正能量引导的就是自立、自强，这种自立、自强就是自控的基础。

对于少年儿童而言，自信是需要保护的。

自信对于儿童来说，建立不容易，失去却非常容易。保护孩子的自信，应当是小学期间家长和老师的重要任务。在孩子成长的早期，经常强化孩子的优点、长项是明智的，因为时刻盘点自己的成就、成绩、成功和有利基础是确保自信的最好方法。每当笔者的儿子应对重大事件，包括考试时，我都是会和他一起盘点他已经具有的诸多有利条件，以确立他的自信心。

事实上，不少父母总是以肯定或否定的方式一次次地损害孩子的自信，却不自知，有些父母总是想保护自己的孩子不受到任何伤害，于是经常挂在嘴边的话是“别上高爬低，会摔跤的”“别到人多的地方，危险”“离那些小动物远点儿，小心它咬你”，这似乎是一种肯定的方式，但导致的却是否定的结果，扼杀了孩子的自信，推后了孩子的独立。

更为重要的是，中国的教育是强制教育与残酷竞争的混合体，学校中无休止的大小考试、测验、比拼，一次次地分出优劣高下，必然会使得许多孩子在竞争中遭遇挫折和失败而失去自信。这不利于孩子自信的建立与维护，事实上每个孩子都会感受到失败，越是频繁取胜的孩子，越容易被失败击倒。有些父母总是以否定的口吻，拿别人孩子的长处与自己孩子的所谓短处比较，经常挂在嘴边的话是：“我给你说过多次了”“你怎么就不像人家小红一样”等，这种否定和比较不可能奏效，唯一的作用是打击自信。在这样的环境中长大的孩子，不敢主动与人交流，甚至包括问好。与人在一起时，要么一言不发，要么反复咬手指，要么不敢直视别人的眼睛。哲学揭示的真理是：事物的真正价值在事物的发展过程中。心理学揭示的真谛是：真正的享受是过程。聪明的对策是把评价的重点放在学习、学懂的过程中，淡化结果，同时“向别人学习，跟自己比”，这会让孩子们觉得我学到了不少东西，我还想学得更多，我每天都在进步，我还能做得更好。

自信与兴趣有互动关系，正向相互促进，反向相互抵消，保护兴趣在一定程度上说就是保护自信。在某件事情、学科、工作中的兴趣是积极努力的出发点，也是作出成绩的前提，一旦作出成绩就会强化自信，这种自信又会反过来强化兴趣。反之亦然。

让孩子觉得有些方面比父母强，或者比父母同样大的时候强，对孩子的自信、自尊和自我完善是非常有利的。事实上，由于时代的发展变化，孩子在许多方面是有可能超越自己父母的。在外面强势的父母，在家庭里要学会让步，给孩子留出发挥的空间，并让孩子觉得其能力是能产生效果的。有些父母会有相反的表现，在外面时十分软弱，在家里却十分强硬，就像暴君，这种“强者”是以伤害孩子的心理、摧毁孩子的自信为代价的。

孩子自信的建立需要一个过程，也需要各支持系统的共同作用，其中，家庭的支持系统是最重要的，父母的信任尤其重要。一个6岁女孩叫妮卡，在一次钢琴演奏会上，她因为得到了父亲的信任暗示，演奏得非常成功。她说：“在钢琴独奏会上，我在台上很紧张。望着台下，所有人都在看我。我看到爹地冲我挥手微笑，只有他一个人这么做，我就不再感到紧张了。”我相信，父母这样的心理暗示对任何一个孩子的自信建立都是十分重要的。

人生在世不可能事事成功，每当孩子对自己不满，感到沮丧与不快时，父母就要加强引导，尽量让孩子站在阳光里，而不是躺在失败的阴影中，尤其是对那些少有失败体验的孩子更是如此。笔者的儿子经常挨老师的批评，但笔者发现多数情况下是老师错了，不是老师水平不够，而是大班制条件下老师顾及不到每个孩子的个性表现，只要不能按要求整齐划一的都可能被认为是错了。笔者经常做的一件事就是和孩子一齐分享“不良”事件的分析过程，分析的结果是：这些往往是成长中尝试新生事物的小失误，或者是个性特征未被理解，或者是常人经常容易出现的问题，结论往往是这些都不应留下阴影。对任何人尤其是孩子来说，重拾自信有时只需要一个机会，关键是要发现它，对待自信受到损害的孩子，老师和家长要有所作为，要帮助孩子发现、寻找和挖掘这样的机会。

每个人都会遇到不如意的境况，而觉察这种境况不难，难得的是采取积极的应对策略，积极的应对策略是看到希望，淡化不利影响。无论何时遇到不利境况，都是首先把关注点放在希望上，积累的是希望，忘却的是困境。这样的人一来热爱生活，二来永远保持自信。

真正的强者时时在放弃自我，造就异己。

用哲学分析的方法看，命和运不完全是一回事，命由先天，运由后天，信命者一定是宿命论者，信运者是选择论者。其实信命只是弱者的借口，信运才是强者的思索。真正的强者，是内心强大的人，任何人都不能夺取。生命的困难境遇，只会使其更加强大。在人生的长河中，当浅薄之人每每沾沾自喜时，却突然发现那些一天天总是不占上风的人却站在了人生高地俯瞰众生，而且留下了那么多社会财富。因为他们总是在默默地充实着自己，不介意眼前之高低。

人的一生只有走出的精彩，没有等来的辉煌。如果你感到生活很苦，那是你在走上坡路，爬到坡顶，你就能领略无限风光，正如杜甫的“会当凌绝顶，一览众山小”。真正强大的人，一定是能战胜自己的人，他们总是时时都在放弃曾经的自己，而寻找着更加完善、内心更强大的自己，正如王安石的“不畏浮云遮望眼，自缘身在最高层”。放下的是自己的不足，留下的是坚实的步伐。造就异己并不是否定自己，而是在水平上提升，在系统上扩展，如同哲学上说的在否定之否定规律基础上的螺旋式上升。

时时放弃曾经的自己，才能造就全新的自己，真正努力后会发现你比想象的更优秀。一个人经历得越多，他的抱怨就越少。越是优秀的人越是努力，越是富有的人越是勤奋，越是智慧的人越是谦卑，越是知识丰富的人越是爱学习。根源于优秀的人总是看到比自己更好的，总能找到努力的方向；而平庸的人却总能看到比自己更差的。永远让自己记住一句话，跟别人学，跟自己比，每天都能进步！

话题十一

表彰与惩戒在家庭教育中的应用

——有的坏孩子也是夸出来的

表扬与批评、鼓励与鞭策、奖励与惩罚，属于激励机制范畴，是子女成长教育中必不可少的心理调节工具。能否正确使用，往往对教育效果有较大影响。无论是在学校还是在家里，我们总能看到许多误区，有的一味表扬，有的一味批评；有的混淆表扬与奖励，有的混淆批评与惩戒；有的从不会使用鼓励与鞭策。

案例：

张欣悦（化名）在小学六年一直是区级三好学生，三门主课均是百分，每次奖励都有她，因而是老师和家长心目中的好孩子，好像从来就没受过任何批评。可是上初中不到半年，她却成了问题孩子，结果连高中都没考上。问题并非出在挨批评，而是没有得到表扬。

点评：

这样的孩子并非个案，其实问题不是孩子不好，而是没有老师和家长以为的那么好，作为老师心目中的标杆、家长的掌上明珠，好像没有缺点，没有毛病，她一直是仙女，一直在天上。其实她有许多缺点和问题，只是没有人提出批评，这就给她造成一种错觉，以为自己只会受表扬，不会被批评。上初中后，优秀的孩子多了，老师心目中的标杆不一定是她，原来每天受表扬的她，一天两天、一周两周得不到表扬，她很快丢失了自己。

夸奖是帮助孩子建立自信的有效手段，但一定要以科学的运用为前提。

毫无疑问，在帮助孩子建立自信的过程中，夸奖是一种有效手段。夸奖的目的在于强化良好行为，使孩子理解行为的内在意义，逐渐获得成长的内在动机。随着科学育儿观念及理论的普及，越来越多的中国家长不再像老一辈那样只是一味批评孩子，而是开始认同表扬与奖励等正向反馈的方式在教育中的作用。但夸奖也是一把“双刃剑”，运用得不好反而会成为孩子健康成长的障碍。夸奖和表扬、鼓励和奖励是一门学问，如果与培养正确的世界观、人生观、价值观结合起来就会事半功倍，如果不讲策略则事倍功半，甚至适得其反。有几种情况值得注意：

一是夸奖过多过滥，物极必反。人们常常说：“好孩子是夸出来的，夸奖和表扬是对孩子的肯定，能树立孩子的自信心。”于是不少家长表扬挂在嘴边，天天表扬、时时鼓励，无条件地滥用夸奖手段，表扬成了最容易得到的东西。然而，从哲学角度看，一切以时间、地点、条件为转移，表扬也一样；从心理学角度看，如果没有心理期盼而得到的任何东西都不具有激励作用。如果没有设置相应条件或情节，“好孩子是夸出来的”这句话不见得就是对的，因为有些坏孩子也是夸出来的。如果表扬过多，孩子小的时候会炫耀，长大后会傲慢；如果不该表扬却表扬了的事总是发生，孩子不仅是非观念会出现严重偏差，而且经受不起任何挫折。是非不分、胆大妄为、嫉妒狭隘、沮丧逃避的孩子有的恰恰是无原则表扬的牺牲品。

二是夸奖掩盖问题，给孩子成长留下“陷阱”。如果只是一味笼统地夸奖，而不注意方法，会使孩子产生盲目的优越感。这种长期缺乏以真实能力为基础的“自我感觉优秀”，容易使孩子过分依赖外界的赞美，形成“脆弱的自尊”。长大以后，会把自己的努力放在他人的评价上，一旦失去了夸奖与表扬，就无法接受，无法正确认识自己和他人，也无法形成正确的自我意识。许多好孩子好得非常单一，单一到只是学习好，单一到只是在学校好。只是学习好的孩子在别的方面有时本应受到批评或鞭策，却一次次被忽略；只是在学校好的孩子在家庭和亲友面前完全是另一副面孔，本应受到批评甚至惩戒，却一次次地得到“原谅”。“一好遮百丑”的现象在日常生活中常有，尤其是对学习好的孩子更是如此，这些孩子常常长时间受到表扬、鼓励和奖励，有的甚至整个小学期间一直是“三好学生”，笔者把这种现象叫“假优”“虚高”，在人们心目中好像这些孩子是神童不会犯错，其实他们常常犯错，老师和家长们却视而不见。所谓“公主病”“少爷范儿”就是这样造就的。这些患有“假优”“虚高”症的孩子，一上初中就会面临许多问题，从而使得自我意识第二次觉醒的“多事之秋”雪上加霜，有许多小学时期所谓的“三好生”梦断青春期。正确的做法是让孩子从祭坛回到现实，该表扬的表扬，该批评的批评。

三是夸奖用词不当，定位过高，影响进步。有不少家长，看了许多书，学会了对孩子表扬的一些抽象的、定性的、定位性的高大上“通用语言”，而正是这些所谓“通用语言”拖了孩子前进的步伐。比如说“You are great”“You are very clever”“You are a good boy”等，这样的表扬不仅抽象，而且直接推到最高，久而久之就封闭了孩子成长的视界，这是心理学问题，也是社会学问题。

因此夸奖要科学，要讲究方法和原则。一是夸奖的话要准确、具体，重在描述，不在评价。比如说“你都可以帮助妈妈收拾房间了，真乖，谢谢”“今天你自己收拾的玩具，自己的事情自己做，进步不小”等。这样的夸奖能帮助孩子将关注点放在他所做的事情上，而不是放在别人的夸奖上。同时，在倾听你欣赏的描述中，孩子会逐渐学会怎样进行自我评价，逐步成为独立的、具有正确自我认识的人。当听完你的描述后，他可能会自己评价、表扬自己：“我已经长大了，有许多活儿我应当帮助爸爸妈妈做了。”二是有所夸有所不夸。夸进步快不夸学习好，夸进取意识不夸自傲，夸自信不夸自负，夸探索创新不夸模仿他人；只夸奖第一次良好表现，不夸奖重复性行为；只夸奖对孩子来说有难度的事情，不夸奖太容易做的事情；只夸奖大智慧，不夸奖小聪明；只夸奖勤奋，不夸奖取巧。三是夸具体情节不夸抽象定位。夸奖要有针对性，不能随意上升到类概念。不能因为做对了一道题就说他聪明，不能因为他做了一件事就说他勤劳。

夸奖以鼓励为主，辅之以鞭策，从而引导孩子努力的方向。鼓励与夸奖都是对孩子行为的正向评价，但有明显不同。夸奖重在结果，鼓励重在过程，是对孩子努力的过程及行为进行恰当的描述，同时辅之以鞭策，指明下一步的努力方向。在这方面，从最低要求开始逐步提出更高要求的“门槛效应”和通过持续不断地期待让被期待者产生巨大能量的“皮格马利翁效应”会给我们更多启示。例如孩子收拾了桌子，我们可以和他一同欣赏，也可以鼓励鞭策他，“你能收拾桌子了，慢慢能帮大人做事了，假如下次能再擦擦桌子就更好了”“你的字写得很好，要是能写得大小均匀点可就更好了”。孩子明白了他做的事得到夸奖，而且也知道他还需要努力做得更好。鞭策是非常好的教育手段，它总是对孩子的进步起着牵引作用，因为鞭策实际是对孩子不完善的认可，也是对孩子进一步努力的期待，这种期待恰恰是对孩子继续进步的心理暗示。

值得注意的是：老师和家庭要正确处理自信与骄傲的关系，不可轻易给孩子下骄傲的结论。有不少孩子有这样的心态，“我相信我自己，相信伸手可以碰着天”，对于涉世未深的孩子来说，这不是“骄傲”，更不是“嚣张”，只是“初生牛犊”，某种程度上说应当看作“有志气”。此时应当使用的是鼓励与鞭策，而不是批评。父母要做的不是担心孩子骄傲，而是如何让孩子的“志气”化作具体实在的目标，而且符合自己的特点。保护了孩子的“志气”，某种程度上说就是保护了孩子的“自信”。

每个人都有自己的责任和行为界限，即使是在幼年，因此奖励与惩戒没有年龄限制。

不同年龄，应当承担与其相当的责任，几岁就做几岁应当做的事。在以前，我们的孩子都是自己背包上学的，而现在不少孩子上学放学路上都不背书包，让接送的家长拿着，相当多的父母和学校都不太在意培养孩子的责任意识。长辈们总是喜欢说这样一句话："孩子还小，长大后就会好的。"殊不知3岁看大，7岁看老。长达10多年的时间里，什么都不做，什么责任都不负，长大后能有责任感吗？没有责任感怎能有公民意识？责任对一个人很重要，不论是男人还是女人，不论是大人还是孩子，只知道自己错了还不够，更重要的是要知道对自己的错误负责。为自己的错误买单，才是对自己的生命负责，才有心对家庭负责，才会有广阔的胸怀，才能对社会负责，修身、齐家、治国、平天下是有固定顺序的，修身是基础，治国平天下作为一种崇高境界是从小的行为修炼开始奠基的。

既然有责任，就应当有责任的履行，也就应当有奖惩。孩子的错误不应受到袒护，一定要让他承担错误的后果，得到应有的惩戒，假如一味地迁就、袒护，一次次的错误得不到惩戒，对一个分辨能力较弱、心智不成熟的孩子来说，长此以往非常有可能会使孩子把错误及其后果归咎于别人，会使孩子失去起码的责任意识，在未来的生活和工作中就是一个时时可能推卸责任的人。

多奖励培养乐观和自信，但过度奖励培养虚荣心。本该惩戒的却一次次放任，羞恶之心就会渐渐淡去，但过多惩戒会导致自卑和悲观，过度惩戒会造成心理问题。家庭奖惩要合乎情理，合乎规律，合乎家庭条件，奖要有限，罚要有度。惩戒的善后处理是一个被大多数父母忽视的非常重要的环节，其作用有三：一是缓解对立情绪，二是强化教育效果，三是弥补感情损失。

对惩戒不要抱过高期望，别指望一次惩戒就能纠正错误，对于心智不完全成熟的未成年人来说，"不怕犯错误，就怕重复犯错误"这句话并不一定适用。由于12岁前的孩子理性思维不占主导地位，对他们来说一定会重复出现同样的错误，坚持不懈地多次纠正一定会得到纠正。但有些是绝对不容许冒犯的，更不可能出现第二次，比如安全方面的规矩（水、电、气、火）。

家庭惩戒会使孩子的行为显得有规矩、有教养，是为了让孩子避免法律惩戒、社会惩戒的必修课。孩子犯了错，除特殊情况外都应当实施惩戒。惩戒要以实事求是为基础，要了解清楚事实，是非曲直必须一目了然。否则，错误惩戒、不当惩戒难以避免。前几年在中国大陆热播的美国电视剧《超级保姆》是一部非常有说服力的例子，每一集都反映了一个家庭混乱并得到纠正的过程，都体现三个要素：规划、执行和惩戒。

惩戒本身也要有方法：一是要有恰当的表情。轻描淡写的惩戒、微笑的惩戒或将起到相反作用。犀利的眼神、严肃的表情十分重要，无声的警告在一定情况下更加有效。二是要告诉孩子惩戒的理由，否则，孩子会更加关注你的态度，而忽视自己的错误，甚至会因你的态度恶劣而产生副作用，产生对立情绪，不仅不会引导歉疚感，反而影响建立正确的认知。而只有认知正确了，情绪才会恰当、态度才会端正，行为才会得到校正。三是惩戒要切合实际，要充分考虑孩子的性格、年龄和理解能力。惩戒要切合实际，要充分考虑孩子的生理年龄、心理承受力、体质基础和认知理解力。如 3 岁的孩子靠墙罚站不能超过 3 分钟，否则就超出其心理承受力。对女孩子的惩戒与对男孩子的惩戒要有所区别。四是惩戒前要多听听孩子的陈述，即使他说得不对，至少要知道他的想法，甚至弄清他为什么会这样想，因为行为上的问题最终可追究到认知，这恰恰是我们增强针对性必不可少的一步。

话题十二

培育求知欲与控制占有欲

——求知欲与占有欲成反比

求知欲与占有欲成反比，与创造欲、学习力（包括学习兴趣和目标）成正比。一个占有欲强的孩子，在任何时候都想着占有，即使是在上课，也会考虑放学后想要占有的东西；而一个求知欲强的孩子，即使是在玩具堆里，也想着探求未知。求知欲与占有欲都是父母家人培养出来的。

案例：

楼下邻居家的外孙今年8岁，家里经济条件较好，到处都是玩具，吃穿也都是最好的，平常要什么给什么。上学后根本不知道学习，整天想的就是最新的玩具、游戏光盘和新衣服。每天放学回家，不想完成作业，就想吃和玩。到外婆家度暑假，整天喊无聊，说要玩游戏。因为外婆家没有电脑，他的妈妈带他到邻居家玩。可他打开电脑说的第一句话是："什么破电脑，怎么连魔兽争霸都没有。"邻居觉得家里面有的是书，包括孩子们愿意看的，就领着他到儿子的房间。可这孩子看一眼说："这有什么呀，一点也没意思。"就这样一直在哭闹，他妈妈连一句完整的话都说不成。邻居提醒他妈妈别给孩子买太多的玩具，可他妈妈却说："孩子就是要玩的，我们就一个孩子，还供得起。"

点评：

人的精力是有限的，在同一时空中，人只能重点做一件事，其他事情都会被忽略，聪明的办法是引导孩子更多地处在学习的时间和空间，而不是处在吃喝玩乐的时间和空间。

自我中心意识与占有欲、唯我独尊直接相连，占有欲是自我中心意识的更深层根源，而自我中心意识和占有欲一般是早年不良养育的结果。

动不动就斗狠，动不动就杀人，说这是不能正确处理人与人之间的关系显然是轻描淡写了，说这些人眼睛里只有自己更为恰当。北大朱令案19年后，2013年4月复旦大学再出高校中疯狂残害室友的案件，引起社会的广泛关注。原因与19年前北大案极为相似，复旦大学学生林森浩因为对同室室友黄洋看不顺眼，于是在实验室拿来剧毒化学品放入宿舍饮水机导致黄洋喝下后中毒身亡。这样的事件绝非一两件，在当今中国的大学甚至中小学校园里，同学之间的好勇斗狠、恶意报复，造成伤害甚至严重伤害的并不是个别现象，而且起因均是些鸡毛蒜皮的小事，这样的事件频发折射出中国子女教育中人格塑造、心理教育的缺失。强烈的占有欲造就的自我中心意识和唯我独尊是深层根源。

中国古代圣贤说人的一生有三个重要的关系，即人与自然、人与人、人与自我的定位，均是在人成长的早年确立的。只可惜，我们仍然没有重视早期教育内容的调整。

占有欲强的人终究会触犯家规、校纪和公德。坏孩子不一定是唯利是图的，但却是自私自我的。而自私自我的人，长大以后既不会变得懂得照顾他人的感受，也不会懂得均衡自我利益与他人的利益。笔者更愿意相信坏孩子长大后更可能唯利是图、自私自利。除非发生家庭或人生的剧变，三岁定八十，家庭幼教对人的一生有决定性作用。当前不少老人的不道德行为遭到广泛诟病，有人说老人变坏了，笔者更愿意相信是坏人变老了，也许这些人从小到大就没有好过，只是老人的标签凸现了他们一直以来的不良行为。

欲望有方向、性质之别，与幸福直接相关，引导孩子扩大健康欲望，缩小不科学、不健康欲望，才能给孩子更多快乐。

求知欲与占有欲无论在质量、方向和性质上都是完全不同的。求知欲与占有欲成反比，与创造欲、学习力（包括学习兴趣和目标）成正比。欲望与幸福观直接相关，占有欲越强，幸福感越低，占有欲与幸福感直接成反比。一个人的时间是有限的，要么用于占有，要么用于求知。

什么是幸福和快乐，每个人心中都有各自的答案。古今中外对幸福的解读数不胜数。哲学家罗素认为，幸福快乐是存在于心灵的宁静与淡泊。而作家萧伯纳和雨果则对人们说，真正的幸福快乐来自与他人的分享。对于我们身边的每个人来说，不同个体的主观感受并不相同，心中对幸福快乐的期待往往千差万别，套用时下流行的一种诙谐说法："幸福就是猫吃鱼，狗吃肉，奥特曼打小怪兽。"当一个人说不要那么累，人生就是快乐时，对另一个累并快乐的人却如同听天书。所以，"幸福意味着自我满足"。幸福城市、幸福国家是近些年才兴起的热门话题，出人意料的是，最先提出幸福指数概念的是不起眼的小国不丹，而不是富得流油的发达国家。显然，幸福不能与物质画等号。幸福需要寻找，需要创造，也需要调整心态。从哲学角度来反思，幸福只有在与他人的关系中才能表现出来，它终究与占有无关，却与别人的欣赏、承认、感恩密不可分。如此说来，懂得感恩、乐于分享才能真正感受到幸福。

显然幸福的真谛是不以自己为中心，而以社会为中心，有外倾价值的人才有可能得到更多幸福。然而，值得注意的是，求知欲强的人责任感也强，随着求知的过程，对社会的奉献也越多，自然越容易获得幸福感，而占有欲强的人终究一无所获。假如你始终以别人、以社会为中心，自然会以助人为乐为幸福坐标，即使没有得到别人的认可，你也没有失去什么，你得到的是高贵、生动而深湛的灵魂。在大海的风浪中不晕船就是一种幸福，怎样得到这种幸福呢？在归国的海轮上钱锺书的夫人杨绛感悟到了：不以自己为中心，而以船为中心，顺着船在波涛汹涌间摆动起伏，让自己的身躯与船稳定成 90°直角，"永远在水之上，平平正正，而不波动"。这种在波浪中牢牢地把握"地平线"的办法，不就是寻求幸福的办法嘛。既然这样，聪明的父母就应该帮助孩子强化求知欲，淡化占有欲，确立获得幸福的正确坐标。

求知欲一半来源于人的天性，一半来源于后天引导。

古希腊哲学家亚里士多德在《形而上学》中的第一句话就是："每个人在本性下都想求知。"然而，当今社会的浮躁与奢华时刻在诱惑孩子们的虚荣心和占有欲，来自天性的探索未知的欲望，经受着严峻的考验。对一个家庭来说，面对大的环境影响显得无能为力，但营造一个小的家庭环境却有十足的条件，关键看大人们是否也能抵御来自外界的干扰。

在各类图书空前泛滥的环境中，由于追名逐利成为风尚，一方面好书难找，尤其是科普书，适合孩子们看的科普读物远少于电子游戏；另一方面好书成堆视而不见，中华传统优秀故事到处可见，父母及孩子却少有关注。长辈们送孩子生日礼物，不是直接给钱就是买洋娃娃、小汽车、游戏机，很少有人送传统故事读本。知识无价却找不到真正的知识，科普书籍一直成为市场中的"冷门"，在书城也只能在一个不起眼的角落摆放，相对于所谓儿童文学书的蒸蒸日上和各类电子游戏的甚嚣尘上，科普书籍无论在数量和质量上都不尽如人意。

科普读物是孩子们最初的科学启蒙，它使得人探求未知的天性得以彰显，也给你孩子们的科学梦，而孩子们的好奇和探索不仅是孩子未来成长的基石，也是国家和民族实现强国梦的基础，保护孩子的天性，引导了孩子的探索，也就成就了中华创新未来的伟大征程。阅读科普读物、亲近大自然、参与社会的活动，无论过去、现在、将来都是引导人们探索未知世界的有效途径，也是创造世界的基石。

亚里士多德还有一句名言："哲学起源于闲暇和诧异。"其中所谓"诧异"就是好奇心。家长们都知道孩子的好奇是好事，但很少有人能真正把孩子的问题当回事，至少很少有人平等地对待。有的家长觉得这么幼稚的问题不用回答，甚至有的家长表现出厌烦情绪，这些都是孩子丧失好奇心和探索欲望的重要原因。有三点至关重要：一是保护好孩子的好奇心，对孩子的稚嫩问题不要厌烦，要与孩子一起畅想，与孩子共同探求科普知识参与社会活动；二是注意家中科普书籍的数量和质量，要让科普书籍占有相当的数量，至少要远远多于游戏机和光盘；三是孩子的探索成果即使很简单，也要鼓励和奖励。因为对你来说简单，而对孩子来说，可能是他们对世界的重大发现。

聪明的办法是家长们一要做好知识的储备；二要为孩子安排好求知的环境；三要与孩子一起成长，遇到不会的问题，不要应付，可以如实告诉孩子：“我不知道，但我可以学习后再告诉你。”或者让孩子自己找到答案后予以奖励。

爱学习只有出自内心时，才会有不竭之动力。外在压力越大，内在动力越小。探索未知是人与动物的区别，可以说是人的天性。天性是内在需求，并非外在给予，当外在强加远远超出内在需求时，内在的天性就会蒙上灰尘。从小不停追问“为什么”的孩子，不是一两个而是每每皆是。只是在求知变成考试分数，求知变成考试名次，爱好变成技能比拼时，才产生了异化。后天的引导不是靠强制，而是靠兴趣，靠因势利导。

话题十三

如何培养健康人格、良好品格和优秀性格

——“3 岁看大，7 岁看老”不只是经验

中国著名教育家、伦理学家蔡元培先生在《中国人的修养》一书中提到，决定孩子一生的不是学习成绩，而是健全的人格修养。人在成长中必须面对求取知识、勤勉做事、合作共处、持续发展、适情改变等诸多事项，也可概括为知识和能力、情绪和态度、生存和发展。正确有效地处理这些事项，应基于健康的人格、良好的品格和优秀的性格。把家庭教育只归结为智力、技能的培养是一个严重的误区。

案例：

微博上有个母亲这样说："我在美国生了两个孩子，生育前后都有培训班，每次与家庭医生的沟通都让我受益匪浅。我的两个宝宝在婴儿时期乖巧得很，我常怀疑她们会不会哭。回国后看到朋友或邻居被小婴儿折磨得精疲力竭，想着将我做妈妈的经验写下来，或许可以帮到被'小祖宗'弄得手忙脚乱、身心疲惫的年轻爸爸妈妈。"她说："爱哭的宝宝都是爸妈教出来的，才出生的婴儿听不懂话，他们靠条件反射来作判断。"我们的家长一听到孩子哭就抱起来，而她的医生告诉她：孩子一哭就放下来，不哭才抱起来。这样一来，条件反射使孩子明白，不哭的时候才有得抱。她在实验中得到印证："放下爱哭的孩子开始训练，看着时钟，不要抱让她哭，准备等10分钟再抱。第一次可以设定5分钟，以后一次比一次时间拉长。我的妞妞第一次就没有熬到5分钟，大约3分半的时候就停了，孩子知道哭声是叫不来妈妈的。"

点评：

在笔者的演讲中，笔者总是说：巴甫洛夫的条件反射理论对孩子最初的习惯培养有积极的指导意义。这条微博，与笔者反复讲的一致。初生婴幼儿与小动物没有太大差别，只是社会性的逐步获得，才使其与动物区别开来，巴甫洛夫的"第一信号系统"理论与实验同样适用于孩子习惯的培养。

与智商作为理性素养的基础相比，情商也只是非理性素养的一个侧面，但在人的成长中，在智商确定的前提下，情商高低至关重要。

现代人有一个最大的问题是急功近利，寄希望于几句话或者几句真言就能指导人生，因此对理论的误读、对实践的误解、对经验的曲解在所难免。比如都在说智商、情商，现在又说财商，智商多数人还能了解一二，但有几个人知道情商和财商是什么呢？情商的滥用在日常生活中是相当普遍的，以至有无数种理解，有的认为有交往能力就是有情商，有的认为懂得关心人就是有情商，有的人认为有广泛的人脉就是有情商等，总的感觉是以情商代替了人的非理性素养，而事实上情商只是非理性素养中的一部分。确切地说，一个人的情商是建立在自己的非理性素养基础上的。

情绪商数（英语：Emotional Intelligence 或 Emotional Intelligence Quotient，缩写为 EI 或 EQ，简称情商），是一种自我情绪控制能力的指数，由美国心理学家彼德·萨洛维于 1991 年创立，属于发展心理学范畴。情商是一种认识、了解、控制情绪的能力。按照美国心理学家的概括，情商包括五个方面：认识自身的情绪、妥善管理自己的情绪、自我激励应对生命中的低潮、认知他人的情绪并与人正常交往、人际关系中情绪的管理。很显然，情商只是表示认识、控制和调节自身情绪的能力，只是非理性素养中情感因素的情感、情绪、情结的一个方面，在人格、品格、性格培养中只是一个小小的侧面。

情商的水平不像智力水平那样可用测验分数较准确地表示出来，它只能根据个人的综合表现进行判断，而且它只有与情感、意志和习惯放在一起才能整体描述。同时，笔者不赞同西方有些学者认为情商是智力发展的延伸的观点，更不赞同情商与智商无关的极端说法。笔者认为，一个人的情商高低与其认知能力和水平相关，我们很难想象一个失智的人情商能高到哪里去。理性情绪行为疗法是美国著名心理学家爱利斯创立的一种心理治疗理论与方法，又叫“理性情绪疗法”，他认为人们对于事物的良好情绪或不良情绪不是来自事情本身，而是来自对该事物的认知。哈维·得奇道夫被认为是国际知名情商专家，尽管他自己认为情商与智商无关，但他的《情商课》一书却自始至终贯穿着认知的方法，即使是所谓“情商小测试”也离不开认知的参与。

毫无疑问，一个人的智商，事关他的成就；同时，一个人的情商，也事关他的成就。在智商不变的情况下，情商的作用远大于智商。情商通过影响人的兴趣、意志、毅力，加强或弱化认识事物的驱动力。智商不高而情商较高的人，学习效率虽然不如高智商者，但是，有时能比高智商者学得更好，成就更大。因为把控情绪能使人长期处于稳定发展状态。另外，情商是自我和他人情感把握和调节的一种能力，因此，对人际关系的处理有较大关系，与社会生活、人际关系、健康状况、婚姻状况密切关联。

个人再有能力，如果情绪不稳定，态度不端正，也称不上有“素养”。一个人如果只有学习力，而没有“社会参与”“沟通互动”的能力，难以有自主行动力。不管是大人还是孩子，当他的内心没有冲突的时候，能量就会转化到学习和工作中。所以，解决情绪问题，是端正态度、调整行为的前提。

非理性素养中的情感、意志和习惯缺一不可，情商不仅涉及情绪、情结、情愫，也与习惯和意志不可分，培养情商要从小抓起。

人的非理性素养是指不受理性支配的情感、意志、习惯及往往以非逻辑思维形式表现的自由想象、无意识联想、直觉、灵感、顿悟等。情感、意志和习惯是人的非理性素质必不可少的三因素，其中情感占有重要地位。也就是说理性要素与智商正相关，非理性要素与情商正相关，两者分别是人生成就的必要条件，两者的平衡发展是人生成就的充分条件，对人的健康成长缺一不可。

情感、意志和习惯的培养都是从孩子离开母体呱呱坠地那一刻开始，早年的教育、培育缺失直接影响一个人的情商水平，随后成长中的纠正和弥补都只是亡羊补牢，效果不甚理想。中国传统文化中的“仁、义、礼、智、信”五德中有四德与情感直接相关，培养孩子共同的人类情感，是引导孩子追求真、善、美的基础，而这些主要是在3岁前铸就，并在7岁前巩固的，及早地培养孩子依赖亲情、感受亲情、参与亲情、付出亲情是父母面临的必修课，也是引导孩子践行孝悌，关爱亲朋，启蒙仁善、良知，奉献人文的主要内容。情感由情结、情绪和情愫构成，遗传、后天培养及生活中的机缘都是三要素的媒介。

《易·乾·象》中说：“天行健，君子以自强不息。”《易·坤·象》中说：“地势坤，君子以厚德载物。”意思是，君子修行应该像天宇一样运行不息，即使颠沛流离，也不屈不挠；接物度量要像大地一样，没有任何东西不能承载。在中国不朽的文化精髓中这两句话是非常重要的。因此，我们应得到重要启示：培养孩子正确的认知方法，建构健康的心理素质和良好的性格特征，从而使孩子拥有稳定的情绪把控力，都需要及早着手。培养孩子从无意识的专注到有意识的忍耐、从日渐积累的自信到自立、自强、自控的有效转化，养成勇敢、坚韧、不怕艰难困苦的意志品格，从而为勇敢面对生活中的种种挑战、做大事奠定基础，更需要及早着手。

在非理性中习惯占有重要地位。从世俗的角度看，一个人的个性特征往往是通过他自己的习惯表现的。

孩子出生开始，就在逐步养成特定习惯、构建人格特征、形成自我意识，这些无不打上家庭的烙印。从父母的第一次拥抱、喂奶开始，就一次次进行信号刺激，如前所述，这些刺激完全适用于巴甫洛夫的信号刺激理论，独立或依赖、温和或暴戾、自我中心或关注他人等行为模式均从这时开始奠基。初生婴儿的啼哭及应对是一门学问，不同的处理会产生完全不同的结果。

《三字经》一开始就谈到习惯培养的重要性：“人之初，性本善。性相近，习相远。”由于习惯的不同，使人的行为千差万别。习惯的力量是巨大的，习惯一旦养成，就进入无意识状态，不需要提醒，不需要思考，它总是在不经意间发挥着作用。我们人总是被孩子搞得筋疲力尽，一来是因为不懂得什么是爱；二来是不懂得怎样去爱。笔者经常说孩子爱哭，其实都是父母培养出来的。因为孩子一落地，就开始接受外界的信号刺激，1—3 岁的孩子还处在小动物向真正人的转变中，一哭就抱和一笑才抱，培养出来的孩子完全不同。一个人是否杰出，主要表现在他的行为上，而行为表现的优劣主要取决于他的习惯。因此，要把一个孩子培养成杰出的人，就必须从小养成良好的习惯。通过生活细节，按照习惯养成规律养成良好习惯或纠正不良习惯；通过教育建立合理认知，打造科学认知 - 稳定情绪 - 端正态度 - 规范行为的路径，塑造良好习惯；通过认知 - 意志的相互作用，坚持良好习惯；通过各种途径形成孩子的良好习惯系统，展现由习惯表现给外界的形象特征。在家庭教育中，笔者经常告诫一些爷爷奶奶:“孩子一哭就抱，那不只是培养孩子自私的开端，也会影响孩子的非理性品质。”

习惯是一个人在一种情境下，应对生活中各种情况的自动反应。大致可分为三个层面：

一是行为层面的习惯，展现的是一个人的特殊行为模式。按照弗洛伊德的理论，人是逐步实现从本能向理性的过渡，过渡的过程也是我们逐步获得“社会性”而成为现实人的过程。在我们的日常生活行为中，除了生理本能，绝大部分的行为都是靠后天培养和训练的。从最初的信号刺激到语言引导，再到行为影响，反复超过一定次数就会成为习惯。父母把一种行为，教给孩子，然后让他反复练习，后来他就“学会”了此种行为。时间一长，他已经熟练了该种行为，以后遇到此类情境就会不加思考地做出此种行为，这就是所谓行为“习惯”：像吃饭、走路、睡觉、穿衣、说话、刷牙、洗澡、看书、待人接物等，这是行为层面的习惯。

二是心理层面的习惯，展现的是一个人特殊的心理模式。人是情感的动物，对待我们周围的事物，我们总要作出心理反应。除了受自然本性影响外，就是受周围人尤其是父母的人生观、价值观、幸福观及相应行为的影响。如果一个孩子形成了对某一类事物固定的情感反应，那他就形成了习惯性模式，这些是在孩子模仿父母一次又一次的心理、情感反应及行为表现中逐步形成的。比如，有的孩子养成了从“正能量”角度、用积极的心态去看问题的心理习惯，他总能找到事情好的一面；而另外的孩子却总是从“负能量”的角度、用消极的态度去看问题，他总能找到事情对他不利的一面。再如，有的孩子，在遇到失败和挫折时，他总能从自己的角度去找原因；而另外的孩子，在遇到失败和挫折时，却总是从别人身上或客观方面找原因。还有，有的孩子，他总能从证明自己优秀的角度去寻找证据，因此他会越来越自信；另外的孩子，却总能从证明自己愚蠢的角度去寻找证据，因此他会越来越自卑。有的孩子，从小学会了从别人的角度看问题，试着去体会别人的感受；而有的孩子，却永远从自己的角度看问题，永远无法体会别人的感受。

三是思维层面的习惯，展现的是一个人的思维模式。有不断探索的父母，一定会有充满好奇的孩子，而好奇是兴趣的必备要素，兴趣则是探究的动力。不愿意动脑筋的父母，只关心怎么啦，不关心为什么，培养的孩子也只能是记忆型的，这样的孩子思维懒惰，浅尝辄止，在小学可能得双百很容易，但到需要理性思维时，或将逐步后退。而愿意动脑筋的父母总是要问为什么，原因是什么，可能会有什么结果，可能性是什么，在什么条件下能变成现实，这样的孩子在小学即使门门课程只有 85 分，到了理性思维占主导地位的年龄，会突飞猛进。人的思维习惯都是在童年形成的，优秀的人就是从小养成了卓越的思维习惯。然后，他就会不自觉地使用他的思维习惯去思考每天接收的信息，从而决定自己如何对待的态度和行为。

好习惯不仅展示良好形象，提升工作和生活效率，也会缔造健康的人格和积极的人生信念。对待孩子正确和错误的行为，父母要有明确的态度，不正确的行为必须在一开始就制止，这样可以把孩子和大人形成不良情感的成本降到最低。这就应了那个早已经被反复证明了的规律，培养好习惯需要21天，而纠正坏习惯则需要更长的时间。不良习惯的有效终止，在任何年龄都会产生良好效果，当然越早效果越好。

责任和习惯有着充分的互动关系，好的习惯往往能转化为责任。

习惯到底有多重要，重要到让每个人都敬畏而又不敢下定义。中国人常说“三十而立”，也许包含了习惯的确定。也就是说，人生的前30年可能做过许多事，但习惯的造就贯穿始终，而且我们以后的生命每每受制于习惯。

在平凡的岗位作出不平凡的业绩，只有靠不平凡的习惯支持。好的学习习惯，最后都表现为对自己的学习负责，就像好的工作习惯，往往转化为敬业。

孝顺、善良和助人为乐等行为首先是模仿周围成年人的举动；然后是养成行为习惯；最后才转化为责任，而且这种责任往往表现为一个系统，包括家庭责任、朋友义气和社会责任。

爱是人类普遍具有的情感，对爱的培养一要早；二要从日常生活的点滴着手。看看下面的例子就知道人是如何从人类共同的情感开始，通过模仿成为习惯的：一组专业人员问了4—8岁的孩子这样一个问题：爱是什么意思？8岁的丽贝卡说：“我奶奶得了关节炎，再也不能弯腰涂脚指甲，于是我爷爷总是给她涂，甚至当他自己的手得了关节炎也是这样，这就是爱。”4岁的比利说：“当有人爱上你，他说你名字的方式是不一样的，你就知道你的名字在他嘴里说出来感觉棒极了。”6岁的克里希说：“爱就是当你出去吃饭时，你把自己大部分薯条给某个人，而却并不在意他是不是也给你。”7岁的丹尼说：“爱就是我妈咪给爹地泡咖啡，在给他之前先尝一口，看看味道是不是还可以。”作家兼讲师里欧·布斯加利亚曾经谈到一次比赛，评出最有爱心的小孩，他被邀去当评委。获胜者是一个4岁的孩子，他的邻居是一位新近丧妻的老者。这个小男孩看到那个老人哭泣，便走进他的院子，爬到他的膝上，然后就坐在那儿。后来他妈妈问他对那个邻居说了什么，小男孩说：“什么也没说，我只是和他一起哭。”

孩子的爱心和孝心，一开始是模仿，再后来是要求，长此以往就会成为责任和习惯。孩子的日常行为中不缺爱，唯独缺大人们的肯定和发现。给孩子“爱”很重要，但让孩子学会爱更重要，否则，孩子可能只爱自己。教育者可以通过具体的情结，以特定的情绪，展现特定的情愫，教育孩子学会把亲情放在第一位，友情放在第二位，学会对父母发表意见但不跟父母顶嘴，学会为了维护友谊而合理让步，学会尽可能和所有的人友好相处，学会成熟处事。笔者很小的时候，父亲在外工作，母亲身体不好，笔者和哥哥经常深夜去找医生，笔者的家族好像都是这样做的，他们的行为就是无声的教育，长辈们也总是这样说：“你妈妈身体不好，要好好地，不要让妈妈太操劳。”笔者对母亲的爱心似乎就在这种经常性的行为重复和长辈的引导中得到了强化，成为无须思考的习惯。在笔者的心目中，为母亲找医生就是笔者无须思考的责任，显然这种责任就是在一次次的重复中逐渐赋予并融入习惯的。从成人的视角看，我们的生命是父母爱的结晶，抚养我们长大成人是父母爱的体现。长大成人后报得三春晖就是我们义不容辞的责任，无条件地孝敬父母才是为人之子的本分。然而，对于未成熟的孩子来说，孝心是在模仿、要求、教育中逐步形成的，形成的是习惯，表现的却是责任，需要的是养成，养成的主导者还是父母自己。

培养良好品格和优秀性格都要在早年奠基，“3 岁看大，7 岁看老”并不只是经验，而是经验中的理论升华。

人的心理特征是由能力、气质和性格三要素组成的。能力作为顺利、有效完成某种活动所必须具备的心理条件是其核心要素。从事任何活动都必须具备的最基本的认识事物并运用知识解决实际问题的能力，它的主要基础是智力。

气质具有先天性，体现人的生物属性，无好坏之分，每种气质中都有有利因素和不利因素，而且依一定条件转移。所谓修身养性就是要充分了解自己，积极发扬有利的一面，克服不利的一面。性格是在后天学习、工作、生活中形成的，体现人的社会属性，是由认知、情感和行为三方面组成的，有明显的好差之分，与人的世界观、价值观、人生观、幸福观、家庭观、社交观密不可分。

综观世界，中外皆有性善、性恶之说，中国传统文化中的《三字经》开篇便讲“人之初，性本善”，基督教教义的核心中有“原罪说”。其实，人之初生无所谓善恶，更无所谓好坏。人之初生只有脸型、体型、血型、气质类型是先天遗传的，其他均为后天获得，就社会性而言人生来就是一张白纸，其善恶、好坏等均在与周围环境的信息、能量交换中逐步形成。人的一生离不开家庭、同事朋友、社会大众三个支持系统，人的社会性也就是在这三个系统环境影响下形成的，其中家庭环境的影响最大，也最直接。

人格是由倾向性和心理特征两部分组成的。倾向性受主观选择和价值取向制约，早年家庭环境和成年人的引导几乎无一例外地影响着孩子的选择方向、顺序和习惯，更为重要的是影响着孩子的倾向性，父母的自私、推责一定会使孩子在不知不觉中形成责任外倾性特征，而父母的无私和担当一定会在不知不觉中使孩子形成责任内倾性特征。男人、女人的优秀品格基本属于人格范畴，都是在 7 岁之前造就的，父母长辈们负有不可推卸的责任。

话题十四

引导孩子还学习本来面目

——学习是一个探究过程

学问、学问，既学亦问；学习、学习，既学亦习。学中有问才有探索，学中有习才有创造。学习的过程是提问的过程，也是质疑的过程。学问的魅力在疑问，境界在全面，价值在创新。

案例：

笔者儿子上小学时，笔者常常用简单易懂的语言告诉他，把学习看作苦差事，那只是对为学习而学习的人而言的。当你把学习当作探究过程，从你学到的知识中寻找新的东西时，你就会越来越有兴趣和探究欲。你会发现老师讲的不一定是最准确的，或者老师的讲法并非智慧，你自己可能有更个性化的理解和方法。笔者曾经对儿子在小学时看图写话作业批改得到的“优+”多次提出质疑，曾经就小学课本里的经典文章《春天》与儿子讨论更新颖的表述，曾经就几何面积公式的理解和考试的标准答案进行过深入激烈的争论。也许就是这样的交流和引导，让笔者的儿子学会了自主学习，学会了自我反思，学会了不断探索。

点评：

学习是要动脑筋的，否则只是记忆机器和复印机。任何知识只有思考过才能成为你自己知识结构中的一部分，只有探究过、质疑过才有新的理解和创造。质疑和创新不可能建立在单科独进的基础上，而是多学科交叉共鸣的产物，自然科学的创新往往来自对社会科学的深度思考，社会科学的新思想往往来自自然科学的重大发现。

质疑和批判精神、搁置和探究在思维方法上的运用，是科学不断进步的基本路径，也是个人思维力、创造力发展的阶梯。

哲学史上的怀疑论即怀疑主义在本体论层面属于不可知论，而怀疑作为方法则属于可知论。只要主张没有绝对的真理，就会对任何现成的结论展开进一步研究，并不断寻求新的突破。比如，从托勒密地心说到哥白尼日心说，从开普勒的三大定律到牛顿的万有引力；再如，“所有的天鹅是白色的”到“天鹅也有黑色的”。怀疑的思维方法一次次地引领科学发展突破前辈的研究结论。作为思想方法，尽管有可能走向怀疑主义，但更多的是对各类科学的发展具有重大的推动作用。

胡适说过：赫胥黎教会我如何怀疑，杜威先生教会我如何思想。一切主义，一切学理只可作为假设待证的见解，不可作为天经地义的信条，只可作为参考印证材料，不可奉为金科玉律的宗教，只可用作启发心思的工具，不可用作蒙蔽聪明、停止思想的绝对真理。如此方可渐渐养成创造的思维能力，方可渐渐具备解决具体问题的能力。

笔者在撰写硕士学位论文时对杜威的研究，让笔者突然觉知：以往的知识结论是日常生活必须遵循的原则，否则我们一天也活不下去。但在学习和研究中，这些只是进一步探究的原材料，我们应当进一步考虑这些结论获得的前提、论据、过程是否经得起考究，更为重要的是实践是不断前行的，前进的道路上由于研究手段和条件的变化，会看到与现成结论相关的许多未解新现象，这一认知的确立，加上随后的哲学、教育心理学和公共管理研究的进一步学习，让笔者养成了一个做任何事情都要经历提出问题、分析问题、拿出方案、解决问题的过程，因此思想总有新意，工作总有创新。工作中，上级的文件在有些问题上只是一句话，这句话往往无法落实，大部分情况下也只能照抄照搬、上下一般粗在所难免。然而，探究的思维方法却能在过去的回顾、现在的分析、将来的前瞻中找到创新点，在横向的交际、相关的联系中找到关节点，在现有的条件、可能的支持中找到出发点。在子女教育中更是这样。笔者曾经反复提醒儿子：要用自己的眼睛观察，而不是只听别人怎么说，你会看到别人看不到或注意不到的东西；要用自己的头脑思考，而不是按照别人的导引去思考，你会发现别人的说法并非完全正确；要敢于去寻找新视角、新层次，而不是无条件地接受已有的权威结论。杜威的探求因果的逻辑方法，就是从质疑到探索，从探索到创新的方法。

美国大卫·欧文写了《一个这样的老师》一书，提出了新怀疑主义的观点，意思是说：书本上写的，老师说的，并不是一贯正确的，事实上没有谁是一贯正确的，应当时刻保持警惕，用事实、用科学的方法，纠正错误，并且应当时刻保持坚持真理的毅力，这叫作“新怀疑主义”。如果是怀疑错了，在别人纠正我们的错误时，我们又加深了对事物的理解；有时怀疑是正确的，它会促使别人也去纠正错误。实际上就是要人们持有不迷信权威，不盲从于书本，不墨守成规，执着求实、坚持真理、勇于创新的科学精神。

我们总是说推动科学进步的动力是物质需求和物质条件，这没有错。但在相同条件下，推动科学进步的往往是批判精神和探索习惯。近代中国人与西方人在物质需求方面没有质的差别，但近代科学大发展出现在西方，原因就是中国人更加注重传统，而西方人更加注重怀疑和批判。美国著名哲学家、教育家杜威探求因果的逻辑方法就是这样诞生的。

偏才可能成才，但成不了大才，文理兼顾并突出其一才有可能成就大事。

许多哲学家同时是科学家，许多数学家同时是诗人，许多医学家同时是哲学家或心理学家。毫无疑问，正是他们的文理兼顾才创造了奇迹。如笛卡儿是近代哲学家，同时又创立解析几何，并在光学和天文学方面也有贡献；莱布尼茨是近代哲学家，同时又创立了微积分；康德是德国古典哲学家，又提出拉普拉斯星云假说；布鲁诺是意大利哲学家，虽然在哲学上贡献不突出，但是在天文学上有很大贡献；马赫是现代西方哲学家，又是物理学家，气体动力学上有一个单位是为了纪念他而命名的；帕斯卡是哲学名著《思想录》的作者，在物理学和解析几何上也有很大贡献，物理学中压强的单位就是为了纪念他而命名的。

笔者的儿子是物理学博士，虽然不喜欢语文，但写得一手好文章。记得他写的《春天》《看菊展》《玻璃冰窗花》《游栈桥》等记叙文不仅想象丰富，而且勾画立体饱满；他写的《谈人生境界》《生命的价值》《珍惜时光》等议论文思路清晰、逻辑严谨、论点明确、论据充分。笔者不得不说也许正是他的文科功底，为其逻辑思维能力和丰富的思想奠定了基础，而这些恰恰是其物理研究成功的关键所在。

2012 年 9 月，中科院院士、英国诺丁汉大学校长杨福家为上海青年作了一场题为《科学与文史》的演讲。演讲上又提及了“钱学森之问”：“为什么现在我们的学校总是培养不出杰出的人才?”他毫不讳言，因为有高考的指挥棒在。尤其对高中的文理科分班，他表示忧虑，因为“有科学创新能力的人，不但要有科学知识，还要有文化艺术修养，科学创新的萌芽是在于形象思维，在于大跨度的联想会突然给你的启发，产生了灵感，再按照逻辑思维去推算，去计算，设计实验加以证明，从而有了创新”。杨福家举例说，自己读中学时文科比较弱，尤其不喜欢历史。可是美国有个很知名的数学家，本科所学的专业是历史。历史和数学好像八竿子打不着，但历史讲究“批判地阅读”，靠的就是逻辑，在这一点上，和数学相通了。

世界上有名的大学都强调全面教育，美国著名的学院都翻译为“文理学院”，强调的就是文理兼修，广览博收，因此又译为“博雅学院”。

在中国，现行高考制度“绑架”了整个基础教育，加上教育理论界没有搞清楚人文学科的教育价值，“语文、数学、英语”成了基础教育的三大核心学科，哲学、历史、伦理学、体育、音乐、文学、美术、美学成了学校不重要的豆芽学科，成了学生可学可不学的额外知识。即使是硕士、博士有丰富的知识，但不见得有高贵的灵魂。美国的基础教育中这些都是核心学科，人文教育使人“务虚”，科学技术教育使人“务实”，“务虚与务实要保持一种平衡，感性与理性要构成互动，人才有想象力与创造性，才有更多的幸福感。人文、民主与科学是一个整体。要有一流的文科，才有一流的理科，要有一流的理科才有一流的工科……这就是教育的生态系统，一个文理良性互动的教育生态系统”。

除了高考制度的引导和控制造成的整体偏科外，还有相当一部分学生并非天生偏科，多半是家庭和老师的不当管教造成的。在小学期间或中学期间有不少学生仅仅因为老师的性格不好、不公正批评或偶尔一次考试成绩不佳，就不喜欢这门课程，逐步放弃了这门课程的学习，后来才发现其实本来这一学科自己并非不擅长。

学习本应是非常复杂的概念，只是在人们的频繁使用中似乎忽略了它的丰富而深刻的含义。学习是学和习两方面的有机融合。“学”分为两个境界：学和问。这样的学习，不仅要动脑筋，而且要付诸行动。习也分为两个境界：一是按照自己的思维方式和特点动手整理现有知识使其变成自己的知识体系中的组成部分。二是以现有知识为基础探索创新。

博学的人什么都知道，智慧的人并非什么都知道，但知其然还必知其所以然，且知道运用它指导行动。中国古代的“知行观”讨论中讨论的问题超出了“学和问”的关系，涉及学和习两大方面，也进一步展示了《礼记》中“博学之，审问之，慎思之，明辨之，笃行之”所蕴含的深刻思想。如果要实现从智商向智慧的过渡，学、问、思、辨、行五个要素缺一不可。

2013年7月11日，人民日报社新闻研究中心主任张首映在《人民日报》上发表了《学问以问为主》的文章，对学和问的关系作了精彩论述，笔者非常赞赏他的哲学式论述，也同意他的看法。在笔者儿子小学时，笔者曾经从记忆和思考的关系角度给儿子做过相同的引导。

张首映说：“学，看人家的，往往被动；问，是自己的，因而主动。带着问题学，更专注于学，越学越来劲，越学越精进。”毫无疑问，学习以学为主，学问以问为主，学习是学问的基础，学问是学习的升华。这基本上说清了学习与学问的根本差异和相互关系。学习以学为主，以记忆为手段，以获取知识为目标；学问以问为主，以思考为手段，以发展智慧为目标。“学问、学问，不是学习如何答问题，而是学习如何问问题。”

《论语·为政》中有“学而不思则罔，思而不学则殆”的记载，意思是说：只学习、不思考，就会迷惘；只思考、不学习，思考也会陷入困境。作为一个过程，学、问、思有机统一，问是统一的纽带和桥梁，问处在学习之核心，有了问，学与思就贯通了。

一是只要问就会思考。只要你问问题，或提问、设问，或追问、反问，都要动脑筋，于是就有了思考。思考就是在思在想。在思在想就会出思想、出智慧。让学习成为“常态”，活到老学到老，让多问多思成为常态，只要学习就要思考，这样的人生就是理性人生，就是“智慧”人生。正像苏联教育家苏霍姆林斯基在《怎样培养真正的人》一书中所说：“做一个有思想的人吧，要善于在读书时思考，在思考时读书。”

二是只要问就会研究和探索。张首映说得好：“学习到研究，途经三部曲，学习、学问、问学。问学，就是研究学术，或学术研究。”约翰·杜威是实用主义的代表人物，是20世纪最伟大的教育思想家。他的教育即生活、学校即社会、从做中学、以儿童为中心等教育主张，一直是整个20世纪教育革新的思想源泉。杜威的探求因果的逻辑方法即学习五步法，将悬疑放在首位，研究和探求就是从怀疑开始的，杜威的思想和方法在笔者的学术研究和教子实践过程中起着举足轻重的作用。从来的研究都从问题开始，以对问题的整理、类比、比较、分析、判断、推理等为过程，以解决问题结束。提出问题、解决问题是科学研究的基本过程，如此循环往复，人类对于未知世界的认知才会逐步深化、提升、扩展。

三是只要问就能创新。事实上现在的知识是过去的学问，现在的学问是未来的知识。从过去到现在再到未来的过程就是创新的过程，一切创新都是在发现问题、提出问题、分析问题、解决问题中实现的。笔者曾经反复告诫自己的儿子，假如你想成为一个有知识的人，只要记忆就可以了，假如你要成为有学问的人，你就要对已有知识提出疑问，对已有知识的逻辑大前提提出疑问，才能开始全新的分析和论证，你的论证过程叫作探索，你的论证结果叫作创新。

对权威的质疑需要勇气，敢于创新需要宽广的胸怀。

老师的不正确批评、同学们的耻笑、家长的否定是孩子维持兴趣的大敌；完美主义和不切实际的过高要求，是失去兴趣和动力的催化剂。刚刚上学的孩子，有不少还保持着对自然现象、社会现象的强烈探求欲望，一次次对看到的现象提出这样那样的疑问，甚至对课本、老师讲课的标准答案提出疑问。应当说这些孩子是有勇气的。但如果我们的老师、家长没有宽广的胸怀，一次次地恼怒，一次次地无情批评，孩子们的探索精神就会慢慢消失，学习的兴趣也会慢慢淡去。

在上学期间，往往有许多孩子因为不喜欢某个老师，或某个老师不喜欢自己，而不喜欢这个老师的课程，老师的人格缺陷不是唯一原因，却是重要原因之一。笔者非常欣赏乔布斯的话："不要被一些条条框框所限制，不要按照别人的想法来生活，不要让别人的观点淹没了你自己内心的声音。有时候，你的内心和直觉已经知道了你真正想要成为什么样的人。最重要的是，要有勇气遵从你的内心和直觉。除了你的内心和直觉，其他一切都是次要的。"

杨福家在演讲中举了一个例子：一名骑三轮自行车的小男孩的照片，出现在投影仪上。这个美国小男孩，在课堂上当堂指出了老师的一个单词拼写错误。老师很客气，表示等查词典确认后再答复他。小男孩不依不饶地对老师说："不用查词典，肯定错了。"此后，这个小男孩成了学校的小名人，大家都夸他好学、勇敢。我们的课堂上缺少这种质疑精神。而在美国很平常，因为杜威重视怀疑方法的教育思想早已深入人心。

以色列是个人口只有900万、面积只有2.5万平方千米的小国家，半个世纪以来，面对10倍于己的敌人，历经5次中东战争却始终傲然挺立，这是个奇迹，其中一个很重要的因素是全民素质高。以色列每万人中就有140名科学家和技术人员，高于美国每万人80人、日本每万人75人。之所以如此，是因为这个国家每个人都在思考，怀疑和辩论就是“超级秘密”。他们的前总理希蒙·佩雷斯读小学时，每天回家他的母亲常常问两个问题，一个是今天有没有问一个老师答不上来的问题；另一个是有没有做一件给老师和同学们留下深刻印象的事。

真正的强者，总是内心强大的人，总能看到自己的不足。深层的原因是，真正的强者时刻都在放弃曾经的自己，寻找着未来陌生的而且是更加强大的自己。我们看到的也许只是表面现象，真正的强者，多少都有智者的灵魂。因为他们懂得真正伟大的创造不会跟随潮流却会引领潮流。在较长的时间里，他们似乎并不在意异口同声，也不在意老师、家长的“廉价”夸奖，或让渡好情绪，或忍受周围大众俗流，即使可以轻而易举得到，也会放弃，他们一直在挑战已有的东西，也在挑战着自己的勇气，他们抛弃表面的光鲜和一时的荣誉，而是实实在在地拥有更为深刻的智慧、财富和地位，最后人们会发现他真的与众不同。

要创新就要甘愿与别人不同，甘愿当少数有争议的人，甘愿忍受异样的眼光。因为创新一定会与大众不同，一定会挑战现有权威。中国的传统文化积淀是“出头的椽子先烂”，大多数人的生存策略是“明哲保身”，在当下中国能创新开拓的人比在国外这样做更值得尊重，因为不一样的思想和行为会成为笑柄甚至受到非议。西方文化背景下，家长每天关心的是孩子在学校是否有独特的表现。而中国文化背景下，家长关心的却是孩子在学校是否听话。中国人的创新不仅背负着沉重的文化枷锁，也托举着堂皇的尊师重道的伦理镣铐，孩子们的创新需要勇气，更需要胸怀。

创造性思维由多种因素组成，建立在好奇、兴趣、探索欲望和严密逻辑思维、冷静理性思考习惯基础上的想象、联想是人所共知的，除此之外，还有音乐和绘画本身具有的特殊功能。

想象、联想——顾名思义，是脑海里呈现出的景象，这种景象在现实中不存在，或是逻辑联想，或是意识流淌的跳跃驰骋，或是无现实逻辑玄妙思绪，但总归是基于现实经验的构想，是对美好未来的勾画，是实现创新、创造的基本路径。从某种程度上说，想象是人类进步的一个重要动力，也是个人成长目标与兴趣结合的深层心理源泉。正如爱因斯坦所说："想象力比知识更重要，因为想象力概括世界的一切，并且是知识进化的源泉。"在笔者看来，爱因斯坦说的还不够全面，想象比知识更重要的原因是，它不仅包括看得见的现实世界，也包括看不见的未来世界；既包括现实性，又包括可能性；既包括事实，又包括理想。但现实中许多家长对孩子的想象持否定态度，有些还会严厉训斥。

从历史角度看，没有想象就不会有第一把石斧，经验与想象的结合往往是发明创造的有效途径。应当注意的是，想象的世界无所谓对错，也无所谓是非，想象不是形象，想象带来的成功只是一小部分，失败的想象很多，但失败的想象随着经验和知识的积累，可能在未来条件成熟时变成现实，即使一直没有成功的想象也是未来成功的阶梯。

对国家、民族来说，没有想象永远不会有发明和创造；对于个人来说，没有想象也不会有全新的发展和成长。保护孩子的想象力十分重要，因为想象与兴趣是孪生兄弟。没有想象力的孩子，只会被动生活，走别人的老路，一生消极应付；有想象力的人，热爱生活，富有激情，积极应对人生的种种磨难与挫折，对未来总是充满美好向往，始终保持着童真般的向往与探索。保护孩子的想象力，鼓励孩子的想象力，就等于引导孩子选择不断进取的未来。

任何自然现象和社会现象都能成为想象之载体，走出家门的任何所见所闻都能引起孩子的想象和向往，不要放弃这些对孩子想象力培养的机会。许多家长会犯经验主义的错误，会用经验判断孩子的想象，多有制止、批评，甚至挖苦和打击。学会发现和鼓励孩子想象，还要和孩子一起想象，不夹杂成人化的枷锁，保护孩子强烈的探索欲望。

音乐与绘画是培养想象力的有效途径。人们的视网膜可以分辨2000多种色彩，这2000多种色彩的不同组合展现着无穷的情境；音乐中所说的音是人们在长期的生活实践中挑选出来的，能够表现人们的生活或思想感情，并组成一个完整的体系，用来表达音乐思想和塑造音乐形象。人们接受的音乐作品的结构是多种多样的，有的是快慢快的三段体，有的却是起、承、转、合的结构，有的在达到高潮后结束，有的在末尾却要飘然而去……种种不同的音乐形成越来越多地积累在孩子们的记忆中，对于提高其智商是十分重要的。同时，相同的音乐和绘画能引起人们完全不同的主观感受，引导的正是自己的主观映象及主观创造。因此，音乐与绘画一样是人们创造性思维的最好培养剂。

人们认识复杂事物的基本方法是简化过程，即把陌生的新事物归档储存在脑海中已有分类的各个栏目中去。脑海中储存的模式越多，想象力、理解力也就越强，大脑储存后又重新排列组合，构成新的图示，可以帮助孩子发展创造性思维。但许多家长都是把重点放在了技能训练上，非常重视孩子的艺术级别，忽略了素养的培养。大家也许意识不到，学习音乐与绘画的过程与想象过程的统一更重要，级别高与会欣赏是完全不同的两回事。对于大多数孩子来说，音乐和绘画的作用在于训练创造性思维，只有少量确实有天赋的孩子走上了艺术道路。

想象和联想，加上逻辑归纳和哲学提炼，无论对创造还是对学习都将如虎添翼。对任何新事物的学习和观察，均能借助想象力量。引导孩子主动地学习、积极地想象，无论是语言、符号、数字、图形，还是游戏活动，只要借助想象予以扩展，都会产生意想不到的效果。小学语文课本上有看图写话的练习，看两幅图写两句话，看四幅图写四句话，老师都给优秀，笔者的儿子每次拿这样的作业让笔者签字时，笔者都说一句，这不应当给优秀，只能给合格。原因很简单，四幅图写四句话只是达到了课标，写六句话才是良好，写八句话或更多才能给优秀。四幅图可能联想成一个完整故事，在每幅图的前后展开想象和联想可能得到故事的前情与后续。写四句话就给优秀，显然封闭了孩子想象、联想的空间。

学习是人的重要特征，学习是一种过程，如同生命过程一样，学习更需要一定的境界。

高等动物不仅有本能，也会通过训练超越本能，但大多依靠的是第一信号系统。而人是学习的动物，可以靠第二信号系统挖掘各种潜能。人与高等动物的区别就在于人具有社会性，而社会性是通过学习获得的。不重视学习的人，社会生存能力弱，知识就是力量的深层哲学意义就在于此。

智慧的人生是通过学习强化生存能力的人生。有人在学习中生活，有人在生活中学习；有人为生存而学习，有人为学习而生存。这是不一样的境界，也会有完全不同的人生。

国学大师王国维在其不朽之作《人间词话》中曾用形象的比喻提出了治学的三种境界或说是三个过程：“昨夜西风凋碧树，独上高楼，望尽天涯路”，此为第一境界；“衣带渐宽终不悔，为伊消得人憔悴”，此为第二境界；“众里寻他千百度，蓦然回首，那人却在灯火阑珊处”，此为第三境界。一要有目标；二要为目标奋斗；三要争取最高境界。在笔者儿子的小学阶段，父子经常会谈论关于学习的态度与高度对人生产生的影响。当然大部分情况下，是笔者在说，儿子在听，儿子时不时会插一句话，对笔者的某句话表示不同意见，笔者并不关心他是否完全接受笔者的观点，笔者只关心他是不是在独立思考。笔者多次谈道：“求知如同上高楼，你只上了小学，你的视野只有100米，你的境界也最低，你甚至连乘火车的机会都没有。如果你只上到初中，你的视野是1000米，你的境界是不出你所在社区，你可能没有必要乘飞机。如果你读到了高中，你的视野是10千米以外，你才可能有机会、有必要乘动车。你如果上到了大学，你的视野是百千米之外，你才有必要乘飞机。如果你读到硕士、博士，你的视野是千千米之外，你有可能乘直升机或专机。”笔者的儿子在上初一时，写了一篇人生之目标的文章，也引用了王国维的三个境界，他的班主任问笔者：“你儿子写了一篇好作文，你们帮忙指导没？”笔者说不知道这件事。笔者知道自己的引导在他的独立思考中发挥了一定作用，也知道他以治学的境界引申人生的境界所做的思想准备，他懂得立志高远要独上高楼忍受寒彻孤独，懂得为了实现自己的理想要经得起衣带渐宽，也懂得只要勇敢、坚忍，总有一天能看到美丽的风景。笔者很欣慰：自己的儿子已经有了完全独立的思想品格。

学习需要方法和智慧，但更需要勇气、志气、心气，坚忍、坚韧、坚毅。理想的学习过程是知、情、意、行统一的过程，否则学习的境界难以提升，学习的过程也难以持续。表现在每个在困境中挣扎的学子身上，就是学无趣、学不进、学不动、学无效。

学习的境界不是建立在模仿别人的学识上，而是在自我构建过程中逐步实现的。“格物致知”是王阳明心学的核心，也是他自己的境界，是大家之风范，大家之毅力，大家之气度，大家之层次。笔者理解，所谓格物是深入分析事物道理，致知是使其变成自己的知识。格物致知，即透彻研究某一事物，使自己完全理解其特性。这种格致的过程包括人类已有的现成知识体系，学习的高境界是由低到高，由少至多，由简到繁，建立适合自己特点的认知系统树，学习新知识，通过知、情、意、行的“格研”过程变成让自己充分理解，能以自己的方式加以描述，嵌入自己的认知系统树，成为自己知识体系的有机组成部分。

话题十五

专注是成功的基本前提

——不专注的人一般会在岁月蹉跎中虚度年华

专注是人能做事、做成事的必要条件，也是效率的基础，专注不一定有效率，但不专注一定无效率。在学习的问题上，没有兴趣不可能专注，不专注不可能有好的学习成效。

案例：

儿子三年级时，一个下午第三节课上体育课，他把外套挂在单杠上，大冬天穿着毛衣回了家，直到晚上，都没有想起。别人的观点是这孩子连衣服都不知道穿，将来不会有多大出息，同学们也有不少负面评价，这对于孩子的自信和兴趣是不小的打击。笔者知道事实远不止表面看到的那么简单。透过现象看本质，对于一个探索欲极强的孩子来说，结论可能恰恰相反。对于一个智商较高的孩子，在寒冷的冬天，户外长达 6 个多小时没有感到寒冷，没有想起衣服没穿，只有一种可能，那就是他一直在考虑一个问题，而且考虑得那么认真、那么深入、那么专注，以至于忘记了对他来说非常重要的事情。于是，笔者没有顾及别人的感受，告诉儿子："长时间地关注一件事，这是成就事业的基础，也是科学家的品质，我非常高兴在别的孩子不能专注地学习时，在许多家庭为孩子不能专心而焦虑时，你已经拥有了这一宝贵品质，假如你愿意并且够努力，我相信你有可能在科学研究领域占有一席之地。但我有一个提醒，千万不要在过马路时如此专注地思考问题。"笔者肯定了孩子的良好品质，保护了孩子的自信，维护了孩子的探索欲，也帮助孩子经历了一个典型的、许多孩子都可能遇到的"负性"心理事件。

点评：

专注对学习、工作和生活都很重要。一个人智商再高，做任何事情都不专注，仍将一事无成，因为任何事情都需要有效时间，不专注的人是离有效时间较远的人，这样的人一般会在时间的蹉跎中虚度年华。

专注是人和动物都具有的本能，但只有人才能把专注与思维结合起来，会不会专注关系到一个人会不会学习、工作和生活。

专注或关注指的就是心理学上的注意，感觉、知觉、思维、记忆、智能活动都需要注意的参与才能实现，注意是一切心理活动的共有属性。一个人如果不会或不能对需要做的事情引起注意，或者注意力不集中，长此以往就会导致理解、记忆的减弱，学习进入不了，做事不能持之以恒。

史蒂夫·乔布斯说："专注和简单一直是我的秘诀。"在笔者看来，专注的人入列一个行业，很快就会成为主力，继而成为能手，无须多长时间就会成为专家。不专注的人一生从事一项工作，却总是在跑龙套。

关注度有两个要素，一是长度，以时间为标志，长时间观察或思考一件事，是有效学习和工作的基础；二是深度，以思维水平和高度为标志，深入观察和思考一件事，是成就事业的基础。两者相互作用，后者以前者为基石。

专注大部分人都具有，但干什么像什么，干一行爱一行，一干就成，一干就专，可成专家的人是少数。能专注的人善于收集、善于观察、善于思考，也一定善于发现、发明和创造。

专注是人成就事业的必要条件，引导孩子养成专注的素养，是家庭教育面临的一大难题。

强化关注度在孩子教育早年是非常重要的，应当是3—5岁儿童教育的一个重点，否则孩子上小学后会遇到专心听课困难。于是让孩子静心听完父母的话，并就这一话题细心议论显得非常重要。对于低龄儿童来说，在一段时间里让孩子玩一种或少量几种玩具要比同时给多种玩具更有利于培养专注品质。对于大龄儿童来说，因为害怕孩子冻着、饿着、渴着，不停地打断孩子手头在做的事情，等于在培养孩子左顾右盼，也是造成孩子上学后不能专心学习的原因之一。

专注的素养是从呱呱坠地开始的，甚至从十月怀胎就开始了，母亲怀孕期间的工作专心、生活稳定、情绪正常都是孩子未来专注的遗传条件，与婴儿交流要注意不要频繁变化，更不要在一个人与其交流时，其他人不停地打扰，不要过多地变化和诱惑。

引导专注首先要关注孩子的生理基础，有些父母急于求成，没有让孩子经历过爬行阶段，甚至有些不让孩子翻身，结果孩子在生命的早期某个阶段出现明显的“感统失调”，这种失调是专注的大敌。

不会专注的孩子，在很长的时间里，学习不在状态，等到真的懂得学习重要的时候，已为时已晚。长时间不能专注，而当想专注地学习时，有两大障碍难以克服，一是难以克服不良习惯；二是难以学会专注的技巧和方法。

专注是一门功夫，更是一种习惯，会专注的孩子，一定是有习惯的，也一定是有方法的。真正会专注的孩子，专注到心理避听、心理避看，对不关注的事情视而不见、充耳不闻。专注是科学研究的基本要求，长时间的专注与长期孜孜以求几乎是同义语，因而长时间的专注是科学家研究的必要条件，也是科学家的基础品质。

一般对事情的关注，大部分人都具有，因此大部分人能够正常学习、工作和生活。但长时间地关注一件事而完全忽略其他事情，并不是每个人都具有的，这种品质可看作科学家的潜质，然而，在生活中往往被忽略，甚至不被理解。许多孩子的这种品质被当作负面表现，在种种质疑中渐渐消失或夭折了。

话题十六

遵循教育规律，才能让孩子赢在起跑线

——世界上许多事可以挑战，唯独规律必须遵守

人的成长与任何事物一样有着不依人的意志为转移的规律，尊重人的生理发育和心理发展的规律，不无意错过，也不刻意超越，在不同阶段实施相应教育是科学养育的基本要求。在先天因素确定的情况下，所谓普通人与天才的差别仅在于是否遵循客观规律，你的孩子与天才之间的距离也许只是区区几个转折点的距离。

案例：

2013 年 7 月有一则新闻，说的是武汉市有位“最着急”家长，从孩子半岁就开始对孩子进行所谓培训，5 岁半的幼儿已经上过 17 个培优班，包括英语、数学、识字、声乐、画画、表演、手工等，前后花费 12 万元。

点评：

事实上，过早的理性和技能教育挤掉了本该孩子必经的模仿学习过程，也放弃了感性思维占主导地位时素材积累的主要任务。由于超越成长阶段，增加了孩子对学习的恐惧感和心理负担，让其失去了对学习的兴趣。

教育要遵循规律应当是第一原则，只要偏离了规律的制约，必然会受到惩罚。

世界上许多事情可以挑战，因此，有了种种吉尼斯纪录，也有了种种所谓达人，但有一样东西绝对不能去挑战，那就是规律。规律是客观的，即使是心灵活动的规律也是客观的，在法律面前人人平等也许会有例外，而在规律面前人人平等却永远没有例外。情感和理性的冲突，往往是主观愿望与客观实际的冲突。人们以自己的主观想法实施教育，往往会走向反面。

把巴甫洛夫的“刺激与反应”、马斯洛的“需求层次理论”和皮亚杰的“发生认识论”融会贯通，你就会发现，我们的教育从制度、体制、机制到教材体系、教学方法、课程设置、学业标准，确有未充分考虑人的成长规律的地方。而规律是客观的，不以人的意志为转移，违背它一定会受到惩罚。教育人就像盖房子，房子不打地基，盖起来的只能是草屋或小屋，只能好看一阵子，却不能使用一辈子。人的左右脑要平衡，才能得到充分利用，而且右脑是要优先发展的，右脑的充分发展，不仅为左脑功能的发育奠定了坚实基础，也为大脑的创造性思维开辟了道路。

马斯洛的需求理论应当看作社会学上的重大成就，最初的需求是生存需求，在低级需求没有得到实现时，不可能有更高的需求。我们不能无视人的成长规律，有些家长从高层需求着手教育，而最基本的生存技能则全部代替，这种养育方式在剥夺人的成长权利的同时，也在建立孩子们成长发展的空中楼阁。

相比各类少儿艺术达人的比拼，2013 年开始的中国汉字书写大赛所引导的方向，才是真正的奠基，才是真正的不让下一代输在起跑线上。民族文化、智慧、毅力、品格的较量才是脚踏实地的竞赛。看看广东队的罗弋阳、山西队的朱可心，看看那些汉字竞赛的选手，他们才是真正的达人。

如果不遵循成长规律，不想让孩子输在起跑线上的种种不当教育行为，恰恰会让孩子输在起跑线上。

不让孩子输在起跑线上，却有可能输在终点，甚至输在中间。人的一生就像跑马拉松，需要跑过很长的路程，我们的许多学校和家长试图让孩子以百米冲刺的速度迅速跑完一生，那还会有多少人能坚持到长跑的终点呢？近年来，大学本科生、硕士生甚至博士生被劝退或清退的事情屡见不鲜。2006 年某大学一次性向 132 名学生发出劝退令，原因是不能如期完成学分。2019 年以来，有近 30 所高校公示清退硕士博士研究生超过 1300 名。不少孩子没有输在起跑线上，却只跑出了 100 米。

人有自然属性与社会属性两重属性，自然属性是社会属性的基础，科学的教育应当遵循种族谱系进化发展和个体成长的顺序有序展开，既不超越，也不滞迟，更不能前后颠倒。凭哲学背景和修养，笔者坚定地认为：好的教育应根据“效法自然”的原理，从感觉开始，也就是从身体的感觉与形象的感觉开始，按人成长进程的顺序依次是“躯体—情感意志—理性灵魂”的内在节奏来安排课程，教育的规律是人在 12 岁以前主要是“躯体—情感意志”优势的成长，12 岁以后主要是“理性灵魂”优势的成长。以人为本的教育，就应当遵循人的这种自然进程，遵循由外而内的“动作把握、形象把握、逻辑把握”或者“感性认识、理性认识”的认知成长的建构规律。小学低年级为数学课配备了许多数数用的实物教具。事实上小学一年级直接进入数学符号思维是没有问题的，这样做会出现两个问题：一是离开具体实物无法进行运算，于是学校又发放了许多教具；二是具体实物与数字符号之间的关系是哲学家考虑的问题，孩子们无法跨越。更为突出的问题是，一年级的数学课本上多了“锻炼逻辑思维能力的题”，这显然违背了人思维能力发展的一般规律，真正的逻辑思维能力是 12 岁以后的事，12 岁前占主导地位的思维能力是感性思维，让一年级的孩子锻炼逻辑思维，不仅占用了全面、系统、深刻地感知的宝贵时间，而且砸下了毁灭孩子自信的第一板斧。

教育的原则和方法是否正确，关键在于过程中是否造成儿童一种愉快的兴奋，是否引起兴趣和爱好，以提高儿童学习的主动性。儿童需要自身发展的空间与时间，我们有些地方的学生每天在校时间长达 12 小时。此外，许多学生还需 2—4 小时才能完成家庭作业。按某期刊对 2013 年 79 例中小学生自杀案例进行的研究发现，93% 发生在学生与老师出现争吵或感到沉重的学习压力之后，近 2/3 的学生自杀案例发生在有考试的下半学年，高压应试教育是在校学生自杀案例的主要原因。因此，我们身为教师和家长必须为儿童创造出能充分发挥童年特点的空间和时间。这样做，才有助于促进孩子成年后创造性独立思考、独立行动能力的形成。

中国当代的教育体系是从“脑”开始的教育体系，也就是从“理性灵魂”开始的。从教育模式的角度看，我们是以“认知为本”的教育模式，也就是教育的实践是围绕“认知导向为中心”展开的，而且往往超越大脑生理发展阶段的实际水平，这就违背了教育的普遍规律。在教育孩子与学生时，应从动作把握与形象把握开始，说得通俗一点，要尽量引导儿童去活动、去发现、去探索、去看、去听、去感觉，通过动作、形象与逻辑的内化来建构智能，而非一味地将枯燥的知识硬塞给儿童。

人的一生应当是先做准备、先储备能量、先增强体力和心力，而不是起步就上层次、上台阶。在人生的道路上当慢则慢，当快则快，就生存能力而言自然应当是先慢后快。而生存能力根基不稳，飞不了多高，也走不了多远。理性知识的把握对于动手早的孩子来说，一般会比动手晚的孩子成绩好，但只能说是“小有”，这种“小有”可能花费了孩子长达 10 年的业余时间，对成人来说也许只需半年，这就是为什么大人和孩子同时上一个课外班，孩子学的一般，大人却成了明白人的原因。因为对孩子来说是揠苗助长，对成人来说是正当其时。如果把人生比喻为万米赛跑的话，刚开始就拼命往前冲，会赢前面的 3000 米，但由于体力与心力能量不足，多半会输掉后面的 7000 米。西方的教育理念是注重先奠基后拔高，先储备后快跑，也许刚开始跑得慢，会输掉前面的 3000 米，但由于重视动作把握与形象把握的训练，打好了人生的基础，多半会赢后面的7000米。

杜威认为，以知识为中心的教材和由各种教材为基础所组成的学科课程，是传统教育的重要特点之一。这种把早已准备好了的教材强加给儿童，是“违反儿童的天性”的做法，它会阻碍儿童的生长发展。杜威认为，教材的源泉应该是儿童自己的活动所形成的直接经验，应当从儿童当前的直接经验中寻找一些东西。

综上所述，我们就能看到，在“不能让孩子输在起跑线上”的口号下，“幼儿园小学化，小学初中化，初中高中化”，使本来是动物天性的学习，却成了孩子们难以承受的重负，让孩子们无法拥有纯真和快乐的童年，也让他们无法尽情享受本应充满朝气和活力的青春时期。好像我们没有让孩子输在起跑线上，但却输掉了孩子的一生。

兴趣是最好的老师，持续保持兴趣对学习和工作都是最高境界。家庭教育中，第一次发现学习松懈、兴趣淡漠，要认真、迅速分析原因，在第一时间加以解决。

兴趣是最好的老师，这句话好像人人都知道，但却未必作为指导思想。《论语·雍也》说：“知之者不如好之者，好之者不如乐之者。”意思是说：懂得一种知识的人不如爱好它的人，爱好它的人不如能从中得到乐趣的人。宋代朱熹在《四书集注》中说：“知之者，知有此道也。好之者，好而未得也。乐之者，有所得而乐之也。”在孔子看来，学习的最高境界，是能够将学习作为一种乐趣。他自己在齐国学习韶乐，三个月不知肉味，乐在其中。今天我们常常赞叹一些学有所成的人如何艰苦地进行创造，其实他们从学习和创造中一定也享受到了巨大的快乐。正是这种快乐，不仅引领着他们的工作，也往往让他们忽略了物质条件的不足，最终取得别人难以企及的成功。所以，笔者觉得古人说的“书山有路勤为径，学海无涯苦作舟”，应当改为“书山无路趣为径，学海有涯乐作舟”。

对学习失去兴趣，可能是能力不足，也可能是体力不及，还可能是学习偏科，或可能是与教师、同学的关系处理遇到困难，再也可能是学习过程出现挫折有畏难情绪，对学校环境产生排斥。原因可能是一方面，也可能是多方面，要及时认真加以分析，采取科学的应对措施。学习兴趣的深层结构是好奇，表层结构是探求欲，表现形式却与可持续发展相关。假如经历一次次失败或者受到打击和挫折，再浓厚的好奇心、再强烈的探求欲也无法持续更不用提增强了。笔者之所以提出要帮助孩子确立科学的学生身份认知，就是为了避免完美主义的定位使其经不起挫折，从而消解对新生事物的探求欲。兴趣与自信的互动式关系在这里有十分重要的意义。

我们的孩子在学校作业的家庭安排中，几乎把所有的时间都用于学习，很少有时间发展自己的兴趣和爱好。过早地全时段学习，不啻于把小苗放在烈日下暴晒，相当于在生存能力、社会参与未能建立前还加上了负担。在这种高压下，兴趣会逐渐演变为恐惧，快乐逐渐演变为痛苦，这也许就是学生厌学的原因。在一个我国在英国做的教育方式实验中，英国学生说出了“孩子的心声”。他们说：“在这样的学校，我们感到像机器。”“每天都在竞赛，我们感到随时可能不如别人，这真的很无趣。”这所学校的校长说：“用所有的时间来学习，做一大堆的作业，记一摞的笔记，让人觉得只是为了学习的内容，而不是为了生活，这无论在任何层次上都是不正确的，这与人的成长和发展严重背离。”

儿童的心理发展与成熟要经历一个完整的过程，重要的是根据不同阶段的特点，采取不同的教育策略，甚至不同的语言系统、不同的引导方法。

弗洛伊德的“人格发展说”认为人的心理发展经历五个阶段，皮亚杰的“心理发展阶段说”认为儿童的心理发展分为四个阶段，艾里克森的“心理发展阶段理论”认为人格发展应为八个阶段。各种划分都有其特点，但有一个共同点非常重要，在正确的阶段确保正确的教育，才会有理想效果。一旦错过或超越发展阶段，教育的效果会大打折扣。

孩子对父母及师长的教育在不同阶段会有不同的态度，这是生理与心理的变化造成的。小学以前基本全听，所以“说教式”教育有一定作用；中学以后仍然用说教的方式，一般不会有效，甚至会有负面效果。小学时父母与孩子共同活动，父母安排多一点有利于培养习惯、吸取教训、获得经验和智慧；而中学以后父母只有与孩子共同讨论、分析，才能获得充分交流，不至于让孩子思想错位，产生心理抵触。

成人化的教育方式，会让孩子失去宝贵的童真，而失去童真的生活，会种下心理问题的种子。对父母最难的是反观思维，绝大多数人很难想到自己在与孩子同龄时的心理水平和心理期盼，多半不会用孩子的思维方式和水平与孩子交流。居高临下是父母的通病，而正是这种通病造成了家长与孩子的思想错位甚至对立。

在孩子们看来，这个时期父母的教育不是不对，而只是一些孩子自己也知道的“正确的废话”，比如说“一定要好好学习”“要抓紧时间，别浪费光阴”“不好好学习就考不上大学”等。这些“正确的废话”往往相当于喊口号，既空洞又生硬，孩子斥之为唠叨和不信任。为了不说“正确的废话”，有两个关键招数：一是通过分析展示不良行为的结果，提供选择项，供其选择；二是指明良好行为的现实策略和方法。

生理发展与心理发展的协调性及客观规律，决定个体心理发展的方向与顺序，而共性与个性、连续性与阶段性的对立统一，也决定了个体的生理和心理在阶段发展中的不平衡性，个体教育要充分考虑各年龄段心理发展的一般特征，也要充分考虑个体的个性化特征。

普通家庭的父母在实施子女教育实践时，没有能力去考虑心理机能与心理过程如何整合、心理内在机制与外在影响如何相互作用，也没有必要研究心理发展的专业性问题，但把握各年龄阶段心理发展的基本特征，并由此采取相应的教育策略却是每个家庭及父母、每所学校及教师必须考虑的。要做孩子的人生设计咨询师，就得对孩子所处年龄阶段的一般规律，以及孩子的个性心理发展特点有一个较为全面的了解。

我们没有必要去照搬国外有关教育周期的理论，在我国大部分人只要还在上学，就仍处在家庭教育管理期。从幼年到青年（0—18岁），也就是从幼儿到高中毕业，是一般意义上的子女教育期，这个时期正是教子方略的适用范围。当然，对这一时期的教育较多受制于国家教育体制及制度、教材体系及标准、就业体制及人才观念。在这些明显不科学而又无法根本改变的情况下，充分把握各阶段的特征，科学地确定各阶段的任务，有针对性地采取相应教育策略对家庭显得十分重要。

当前，有条件选择在家或出国上学的家庭还是少数，教育引导自己的孩子，脱离现有教育体制，形成体制外完全自主的学习方式，还不具有普遍意义。但有效地建立自主学习和发展模式、开发自我学习方法、步入自主学习和发展的状态却具有普遍参考价值。如果真正了解、把握并有效运用了各阶段的一般规律，又充分把握了孩子的个性特征，完全可以引导孩子突破现有制度、体制的束缚，通过扩展、重组实现超越，通过深化、开拓实现创新，从而找到适合自己的孩子身处体制内而又能自主发展的模式。

话题十七

个体成长各阶段和生理、心理特点及教育策略

——掌握成长规律基础上的策略才会有效

教育的过程是一个主观与客观辩证统一的过程，统一的基础就是客观规律，只有充分了解个体成长各阶段的生理、心理发展的特点及规律，才能找到有效的应对策略。

案例：

任俊林（化名），15 岁，初中三年级，目光呆滞，手足无措，眼神中表露出不安和焦虑，言谈中透露出狭隘、自卑和对人的敌视和防备。心理咨询中了解到，他 1 岁后母亲开始忙于事业，父亲只是监而不护，督而不导，2 岁开始跟随爷爷奶奶生活。小俊林无法正常地上学，也不能正常地参与社会活动，与家人相处任意骄纵，行为表现与学校、社会格格不入。与其谈论什么是人、人的正常思想和行为，如同对牛弹琴，举手投足就像未开化的原始人。

点评：

人的成长过程中，不同时期有不同的规律和任务，只有遵循规律实施教养，才能收到理想的效果。小俊林的成长中，父母不在位，爷爷奶奶呵护有加，培育不足，整个教育过程就像养宠物，2—3 岁的自我意识第一次觉醒，3—5 岁的道德模式、思维模式、行为模式构建，13—15 岁的青春期定位，均未遵从成长规律。

了解掌握个体成长各阶段的生理、心理特点和水平，有针对性地采取教育措施是破除经验主义、自然主义、功利主义、理想主义等错误倾向的必由之路。

当前流行的关于个体心理发展的理论有五个典型代表：皮亚杰的认知发展理论、艾里克森的人格发展理论、维果茨基的文化－历史影响理论、柯尔伯格的道德发展理论和班杜拉的社会学习理论。在笔者看来各有各的角度，皮亚杰的视角是思维能力发展水平的认知阶段，艾里克森的视角是社会要求和个体能力的道德阶段，维果茨基的视角是历史和文化内化影响阶段等，笔者觉得还不止这些，弗洛伊德的心理与性也是一个重要视角。笔者认为，以皮亚杰的认知理论视角为基础，兼蓄文化历史影响、道德构建、行为习惯养成、性心理发展科学认知较为全面，对普通家庭和所有老师都具有可操作性。

孩子成长阶段划分及各阶段的教育任务，不应照搬西方的理论和思想，也不应受中国传统经验的樊篱制约，而应以西方的实验科学为基础，兼收世界文明及中国传统文化精髓，找到适合中国文化、制度、体制特点，并贯穿中国人教育实践中的阶段划分及应对策略。

从静态角度看，感性认识和理性认识是同一认识的两个方面，也是同一过程的两个阶段，二者既相互对立又相互统一。感性认识和理性认识之间的区别在于：感性认识是认识的初级阶段，是客观事物直接作用于人的感觉器官而产生的，它反映的是事物的具体特性和外部联系，具有直接性和形象性的特点，是对事物现象的认识；理性认识是认识的高级阶段，是对感性认识材料的抽象和概括，它具有间接性和抽象性的特点，反映的是事物的本质。感性认识和理性认识之间的联系在于：感性认识是理性认识的基础，理性认识是感性认识的升华。从动态角度看，个体的认知发展也经历了由低到高两个阶段，按照发展水平和特点可以分为两个阶段，即感性认知主导阶段和理性认知主导阶段。0—12 岁为感性认知占主导地位的阶段，12 岁以后为理性认知占主导地位的阶段。当然，感性认识与理性认识是不可分割的，在两个阶段都存在。只是在不同阶段，两者的地位完全不同。

皮亚杰的“发生认识论”揭示的是人的认知发展的理论。他认为，儿童从出生到成人，其认知发展过程不仅仅是一个简单的认知结构数量积累的过程，而是伴随着同化与顺应，以使原来的认知结构进行不断升级与再构的一个过程，也就是包括质与量两方面的再构。同化，即儿童作为主体，在认识客体的过程中，将客体纳入原来的认知结构中使其成为自身认知图式的一部分，从而促进原有认知结构量的变化。顺应，是主体原有的认知结构不能够同化外界客体时，及时对原有的认知结构进行重构与改造以适应新的情境，这时引起的是认知结构质的变化。就是在这种同化与顺应相互交替的过程中，达到儿童对外界客体认识的一种平衡状态。从无意识的本能到有意识的理性，从完全出自个体的快乐原则到顾及家庭、集体、社会的现实原则，这就是同化与顺应，这与弗洛伊德的理论殊途同归。

笔者基本赞同皮亚杰对儿童的认知发展的阶段的划分，同时认为关于年龄划分不可过于僵化。毫无疑问，所有的儿童都会依照四个发展阶段发展，但时间上可能超前或者稍有迟缓。就其个性而言，一个孩子与另一个孩子之间有着显著不同，有的稍快，有的稍慢，要从孩子的个人生理和智力发展实际出发。皮亚杰的理论只是考虑到了一般儿童群体认知发展的特征，而忽视了一些特殊的儿童群体，比如智力发展缓慢或者智力发展超常的孩子，同时他也没有注意到不同国度、不同文化背景下儿童群体的差异性，这样的理论指导下的教学一定程度上会忽视因材施教的理念。

有人认为可以超越某个或跳过某个环节，笔者觉得是不科学的。就像孩子不能跳过翻身或爬行环节。诚然，学习应走在发展的前面才可以促进儿童的发展，教育应当以学生的明天的发展为导向。但只是相对超前，不可忽略必要环节。相比之下，维果茨基的观点对皮亚杰的认知理论作了有益补充。他认为，学习是为了促进儿童的发展，他提出了“最邻近发展区”的概念，认为儿童有两个发展水平，即现在的发展水平和即将达到的发展水平，而二者之间的差距也就构成了“最邻近发展区”，超前的界限就应当是“最邻近发展区”。

在12岁之前，思维水平基本处于具体思维阶段，以形象逻辑思维为主，逐步实现从形象逻辑思维为主向抽象逻辑思维为主过渡。也就是说，在这个阶段，感性思维占主导地位，大部分孩子大部分时间里很难进行纯粹的理性思维，因此，这个阶段是全面、系统、深刻而又生动地感知世界，培养生活智慧、生存能力和学习能力的发展过程。

皮亚杰认为：逻辑思维是智慧的最高层次，所以他从逻辑学中引入了“运算”这一概念来划分儿童认知能力发展的四个阶段，也即“感知运动阶段（0—2岁）”“前运算阶段（2—7岁）”“具体运算阶段（7—11岁）”“形式运算阶段（11—15岁）”。并且指出发展阶段是按固定的顺序出现的，出现的时间会因个人与社会的影响而不同，但发展的先后次序不变；发展阶段不以年龄的增长为标志，而表现为主体的认知方式或思维过程品质的改变。皮亚杰的这一理论对子女教育有重要的指导作用，我们可以据此有针对性地加强孩子的阶段性教育。

就思维能力发展而言，笔者想做个比喻，笔者觉得0—2岁孩子的思维像复印机，处在平面直观思维水平，主要靠感官四肢动作直接触碰或感觉，手抓取和嘴吸吮是最主要的感知途径；3—5岁孩子的思维像照相机，处在表象思维水平，只能从单一维度看待事物，孩子们可能会考虑物体的背后是什么，甚至会转到物体后面去观察，眼睛成为主要感知途径，象征性思维运用较多；6—11岁孩子的思维像摄像机，处在想象思维水平，孩子们已经摆脱具体事物的束缚，可以完整、系统地叙述事情或想象完整、系列画面，语言和符号成为主要认知途径，10岁前后已经可以依靠具体经验的支撑进行具体的逻辑思维；12—15岁孩子的思维像计算机，处在抽象逻辑思维水平，此时的孩子进入概念、判断、推理思维阶段，从感性思维占主导地位转化为理性思维占主导地位。

就普通家庭而言，不可能用专家的视角考察孩子的成长，也不可能用专家的水平培养孩子，但至少要懂得各阶段的基本特点及注意事项。笔者认为把0—22岁分为五个阶段比较符合中国的文化、传统及学制和习惯。

婴儿期0—3岁的特征及教育策略。

0—2岁处在直觉行动思维水平，离不开自身的动作及动作涉及物体，此时是奠定安全感的最佳时期，父母及其他家人的关系正常稳定与否对孩子未来的人际交往有潜在的奠基作用。

这一阶段是一个从无到有的阶段，是在一张白纸上画第一幅图画，也是未来人生画卷的底色，如果色彩不正将影响孩子一生。这时孩子的特点是眼光向外，对周围环境好奇，对周围的人尤其是母亲依赖，母亲无微不至的关怀及母亲自己的安全意识会给孩子带来安全感。教育的主要任务是注重生理与心理的相互影响，调动好奇心，建立稳定、和谐的环境和健康养育的环境。

要注意避免六种情况：第一种情况，大人们不懂得培养孩子的正确感知与反应，往往提供一个错误的密码程序，致使孩子的刺激－反应模式错位，因为这一阶段的孩子并不是真正意义上的人，基本处在小动物向人的转变初期，本能占主导地位，刺激－反应是其与外界信息交换的唯一方式，耳、手和嘴是其主要感知器官，够着什么喜欢用手抓拿，拿起来就会往嘴里放。这就是巴甫洛夫的所谓第一信号系统的刺激－反应作用。要运用好这一作用的发挥，比如说孩子平静了、笑了你就抱，相当于给予正面刺激，这样的孩子一定哭得较少，长大后无理取闹也少。如果吃饱了、喝足了，也尿了，不发烧不生病，一哭就抱，相当于负面刺激，这样的孩子一定哭得多，也为日后的性格养成埋下不利因素。第二种情况是大人们不懂得让孩子必须经受必要的直观动作过程，比如自己翻身、自己爬行、自己走路等，也不能对孩子小小的成长变化给予恰当的肯定和鼓励，致使孩子缺乏独立动作体验，表现为依赖过重，不是让抱着，就是小手不离大手。这个阶段正是皮亚杰所说的感知运动阶段，感知动作不完整，跳过了必要的环节，就有造成“感统失调”的可能。同时，孩子一般在7—8个月后开始认生，1岁半后想象力开始丰富，变得敏感、害怕，遇到人就往大人身后钻，或急于脱离开，更不用说主动问好了，这本属于正常现象，往往有大人给予害羞、胆小、不礼貌等负面评价，甚至戴上“社交障碍”的帽子。然而，给孩子贴了什么标签，孩子基本就认为自己是什么样子，最后就真的成了这个样子，正确的做法是不要在意孩子的这些行为，只要家长不将其视为问题、强化问题、制造问题，就不会成为问题，要静静地等待孩子自我成长。第三种情况是只懂得保护，而且是过度保护，言语行为间时常流露出不合实际的夸张性提醒甚至警告，有一句话说得比较恰当:“孩子过于胆小是大人们吓出来的。”过多的保护阻碍了孩子对周围环境的试探，致使孩子害怕的东西很多，对外界充满恐惧。第四种情况是大人对孩子关怀不够，不能积极应答孩子发出的信号，不能有效满足孩子的情感需求，尤其对一些孩子感到陌生的事情，不能给予必要的扶助，致使孩子承受过大的情感压力，情绪变化影响内分泌系统，引起生长紊乱，造成非器质性发育不良或侏儒症。第五种情况是放任孩子一切试探性行为，使孩子频受伤害，甚至严重伤害。第六种情况是夫妻关系紧张，吵闹不断，大打出手，致使孩子生活在恐惧之中，缺乏基本的安全感，这种心理体验可能伴随孩子一生，在不少成人的心理咨询中经常遇到这样的案例。

2—3岁仍处在直觉行动思维水平，从建立安全感向建立自主感和信任感过渡，此时家庭成员间的交往和谐与否，大人对孩子的关怀状况直接影响孩子对他人的信任与猜忌等态度。

首先应当注意的是，这一阶段的孩子开始逐步尝试用大量语言交流，以语言为载体的巴甫洛夫的所谓第二信号系统的刺激－反应开始发挥作用，大人们要多与孩子用语言交流，比如背儿歌、听儿童故事甚至自己讲故事，尽量避免用摆手、摇头等动作来表达意愿。语言是思维的物质外壳，由于语言的刺激，孩子的大脑快速发育，半夜沉睡中孩子的莫名啼哭一般是大脑皮层兴奋引起的梦境造成的，这是好现象，可以不要干预。同时，这一阶段孩子的特点是意识向内，自我意识首次萌发，关注自己的需求，并追求行为独立，是自立意识建立的第一个关键期。因此，孩子会突然变得不听从家长的安排，与人交往语言中“不”字成为频率较高的字眼，“我就不”“我就要”成为其基本语言“范式”，中国人的“三岁孩，猫狗嫌”和国外的“难缠的两三岁”就是对这个阶段的形象描述。

教育的主要任务是在把握幼儿向儿童转变的过程基础上，着力建立良好的亲子信赖关系。要注意避免五种错误做法：一是频繁、长期使用叠加字与孩子交流，致使孩子的语言量过少，影响孩子的大脑发育；二是将孩子的自我意识表现看作不听话，看不到孩子的心智成长，表现出不理解；三是用成人的眼光看待孩子的变化，不能用孩子的心理水平思考孩子的行为，对孩子表现出不放心、不信任、不尊重；四是大人之间关系不融洽，或围绕孩子的养育产生分歧，甚至争吵，造成孩子对环境的担忧和不信任；五是放任孩子的任性，不加任何规制，认为孩子还小，大了就好了。

如果这个阶段教养不当，会使孩子走两个极端：一是制约心理成长，放弃自我选择，胆小、怯懦，表现得非常黏人。二是自我意识扭曲，执拗任性。幼教专家指出，2—4 岁的幼儿正好处在性格的萌芽期，也是孩子的“第一反抗期”。这时期的孩子不像以往那么听话了，会经常和大人“闹独立”，力图摆脱大人的约束，对一切事物都想亲力亲为、弄个明白，家长如果断然拒绝，反而会刺激孩子的任性行为。聪明的做法是理解孩子的自我意识，尊重孩子的独立探索，放下身段用孩子的方式与孩子交流，认真细致地了解孩子究竟在思考什么、需要什么、探究什么。如果其需要是好的或对其成长无大碍，就顺势而为，给予信任和肯定；如果其选择会有负面影响，要以符合 2 岁孩子思维水平的语言，采取转移目标、提供其他有益内容的开放式选择等方法，耐心交流和陪伴，也要合理规制，这期间对其进行正确的教导往往会收到事半功倍的效果。美国小儿科医生史比尔甚至主张，孩子一生下来，父母就应该对其进行有目的的引导和教育。他说："如果你从孩子出生后第二天才开始管教的话，你就晚了一天。"三是根据孩子的脾性，探索适合自己孩子表达愿望的方法，比如可以说"不"，并说为什么，可以哭、可以找另一家庭成员诉说，但不能摔打东西、破坏财物、撒泼打滚。此时，善意的谎言、随意的许愿、严厉的批评、动手打骂均会影响孩子信任感的建立。更为重要的是，自我意识萌发是培养独立人格的最佳时期，正面的引导对于培养孩子的独立生存能力和对自己负责的责任感是明智之举。在这个时期可充分利用孩子什么都想自己动手、什么都要按照自己意愿做的特点，放手让孩子自己穿袜子、洗手绢、拿任何安全的他想拿的东西，大人们只是扶助，这样在培养孩子独立生存意识和能力方面能收到事半功倍的效果，许多"小能人"、生活能力强的孩子就是从这时开始的。应当避免的是"你还小，你搬不动""这个危险不能动"等负面的语言强化。更要避免对孩子探索行为涉及安全时的恫吓、谩骂、殴打，许多生活能力弱、不配合、不主动的孩子除了大人们替代外，多半是这个时期的独立欲望未得到满足，独立探索的行为未能得到巩固，许多孩子胆小怕事及对外界充满恐惧最早可追溯到这个阶段。

幼儿期 3—5 岁的特征及教育策略。

3—5 岁处在具体形象思维水平，思维活动依赖于具体事物的表象及表象间的联系，是思维模式、道德模式和行为模式培育的开端，是建立规矩规制、培养习惯、塑造品性的起始期。

这个阶段的孩子尚不能进行认知判断，只能从单一维度考虑问题，一般会直接接受行为的结果。同时，孩子的游戏从与成人互动、独自游戏转变为儿童间平行游戏、联合游戏、合作游戏，初步表现出社会性。所以，是给孩子定规矩、规则和原则的最佳时期。所谓"3 岁看大"，就是这个时期，看的就是孩子是否有规矩。这个阶段没有教育好的人，未来的家庭、学校教育的效果都会打折扣，可能一生会常常与规则、法律、纪律冲突。让孩子养成良好习惯，遵守家规，了解并适应社会规则、人际交往原则，并对违反的行为承担相应责任，就是从这个时期开始的。

中国传统文化的仁、义、礼、智、信都要从这个时期开始灌输。所以，这一时期教育的主要特点是言传身教，主要任务有四个方面：一是灌输家庭文化、家庭习惯和家庭行为模式。比如尊老爱幼、孝敬关爱、先老后幼、勤劳节俭、礼貌待人、热情待客、平等友爱等。二是传授家庭规矩、原则。如自己的事情独立完成，吃饭穿衣不挑不拣，不能边吃边玩，进出与大人打招呼，不可无理由取闹，做事不可无故拖延等。三是培养良好生活习惯。如围绕建立良好秩序方面的早起早睡、按时作息、安静就餐、收放玩具、摆放鞋袜等。如果这三个方面的工作没做或做得不好，孩子将来不会有特定的思维模式、行为模式，也没有良好的习惯，一切都很随意，而且“尽随己意”，做事没规律也没效率。四是引导社会行为，构建道德模式。比如引导孩子在游戏中协调、合作，学会与同伴分享，否则孩子会做人没原则也没信誉，甚至一上学就会困难重重。

行为方式和道德模式一经确立难以更改，生活习惯一经养成也难以纠正，因为人的生理有动力定型的功能，在一定时间内会使人的某一行为在不自觉中定型，21 天可以培养一个好习惯，210 天也难以纠正一个坏习惯。这个时期正是幼儿园时期，幼儿园都不能坚持上的孩子，一定是四个方面家庭教育任务完成不好的。尤其是习惯，习惯的力量是相当强大的，习惯之所以成为习惯，就是习惯的行为无须思考，不受理性支配，因此，它在人的非理性品质中占据重要地位。重要的是人们的许多习惯是在 3—5 岁养成的，借助生理基础和定型功能在一开始就培养良好习惯，不只是经验，更是科学和智慧。然而，最有效的智慧是家长行为的影响，要求孩子做到的父母首先要做到。良好的行为，第一步是模仿；第二步是成为习惯；第三步是固化责任。一旦成为责任就成为个人行为模式、性格特征的核心要素。

童年期6—12岁的特征及教育策略。

儿童期有其自身的成长规律和内在价值，儿童要做儿童能做的事，儿童的事无须替代。儿童不是尚未长成的大人，儿童就是儿童。

把儿童看作“一个未来的存在”，一个尚未长成的大人，在“长大成人”之前似乎无甚价值，而教育的唯一目标是使儿童为未来的成人生活做好准备，这种错误观念由来已久，流传极广。“长大成人”的提法本身就荒唐透顶，仿佛在长大之前儿童不是人似的。在西方教育史上占有重要地位的意大利幼儿教育家玛利亚·蒙台梭利首先明确地批判这种观念。杜威也指出，儿童期生活有其内在的品质和意义，不可把它当作人生中一个未成熟阶段而只想让它快快地过去。

正如周国平所说：人生的各个阶段皆有其自身不可取代的价值，没有一个阶段仅仅是另一个阶段的准备。尤其儿童期，应是身心生长最重要的阶段，也应是人生中最幸福的时光，教育所能成就的最大功德是给孩子一个幸福而又有意义的童年，以此为他们幸福而有意义的一生创造良好的基础。然而，今天的普遍情形是，整个成人世界纷纷把自己渺小的功利目标强加给孩子，驱赶他们到功利战场上拼搏。笔者担心，在他们未来的人生中，在若干年后的社会上，童年价值被野蛮剥夺的恶果会以一种谁都承受的方式显现出来。

从这个意义上说：保护孩子的童真，就是保护孩子的未来。现实社会中的“小大人”往往是得到肯定和表扬的，说谁家的孩子懂事，证明就是说话办事像个大人，这真的是教育的悲哀。2013年6月6日《人民日报》“教改一线”栏目刊登了北京市宣武区师范学校附属第一小学探索“童真教育”——“让童真永驻孩子心灵”一文。这样的教改值得肯定，尤其是尊重儿童自然的生命状态，顺应儿童的天性；研究儿童的发展需求，把握孩子的个性差异，把儿童看作不同；面向儿童完整的生活世界，遵循成长规律，让儿童成为儿童；着眼儿童终生幸福生活，用6年积淀一生，让儿童成就儿童。如果早这样做了，如果都这样做了，就不会出现幼儿园保育变小学教育、小学教育变成人教育的尴尬局面了。

6—7 岁处在形象逻辑思维水平，属于社会价值内化的关键期或道德构建关键期，又由于是上学的第一年，也应为社会性自信建立的关键期。

这一阶段的孩子形象思维占主导，周围人的形象对其影响较大。因此，这一阶段又属于他律道德判断阶段，思想道德意识提上重要日程，其道德判断受制于自身以外的价值标准支配。所以，周围人尤其是家庭成员的道德行为对其影响较大，大人的一言一行都如同软雕塑一样生动、鲜活地展现在孩子面前，并对孩子产生深刻影响。用建立在人本主义哲学基础上的心理疗法观点来描述，这一过程就是将别人的价值观念内化为自己的价值观念的过程。所谓“7 岁看老”，就是这个时期。这个时期的教育没有抓好或抓错了重点，孩子的人格塑造就有可能先天不足。就因为这个时期孩子的思维特点是形象思维，教育的重点就应当是身教，主要任务之一就是给孩子好的形象展示。对学校和家庭而言，纯粹说教在矛盾和现实面前显得苍白无力，榜样的力量则是无穷的，老师和父母的行为是孩子的表率。讲理的孩子总吃亏，投机的孩子老师不一定不喜欢，对孩子的教育无疑是十分不利的。因此，老师和父母的品德教育、行为引导、传统传承、身心培养的责任都要履行好，而且要把表率的作用放在重要位置。孩子是看着父母的背影长大的，学生是在老师的教导下长大的，模仿的模板效应直接造就孩子的道德水平和行为模式。家里不是酒场就是麻将桌，别指望孩子是一个爱学习的好学生；父母经常吵架，别指望孩子性格温和；父母满口脏话，别指望孩子文明礼貌；父母在公共场合大声喧哗、行车排队加塞儿、遇事无理抢三分、顺手牵羊贪小便宜、损人利己等，对一个还处在是非观念没有确立、在确立中或基本确立但不牢固的孩子起到的反作用是相当大的，他们甚至会认为父母的这些不堪行为就像个“英雄”，至少会成为孩子行为模式白板上的丑陋一笔，甚至成为孩子未来行为模式的基本模板。父母的行为对孩子有直接影响，父母不计较，孩子才宽容；父母讲文明，孩子才有礼貌；父母爱老人，孩子才爱父母；父母先人后己，孩子才乐于奉献。总之父母重德行，孩子才有品位。如果要问具体在哪些方面做好表率，笔者认为应当是方方面面，概括起来无非就是三个大方面，即家庭美德、职业道德、社会公德。

8—10 岁处在前逻辑思维阶段，也即抽象形象水平，是建立自主意识的关键期。

这个阶段是儿童发展中期，主要特点是孩子经历了思维发展水平的快速提升，开始从以直观形象思维为主导向以形象抽象为主导转变，开始进行初步的逻辑思维，但需要具体事物的支撑，孩子们的思维形式和思维内容还是紧密联系在一起的。同时，这一时期也是引导孩子获得勤奋感的开端，自信心进一步发展。每每自己完成应当完成的事项包括自己独立完成作业、自己整理收拾书包、按时上学放学等，都是勤奋的表现，勤奋表现量的积累，提升自信，也强化自立。

由于有了前一阶段自信的建立，这一阶段孩子可以也可能发展坚强的意志和一定的控制力。如果发展正常，这个阶段的孩子应当在一定的自信基础上表现出自强和自控的品质，并初步具有典型的自主生活、学习和发展态势。

主动的孩子会以自己的想法主动考虑、安排自己的一切事情，如课外书籍、文具、音乐、绘画、体育等，包括收藏物品、拆装小型机械及电子产品、手工制作、小动物养殖等独特爱好，甚至自主安排自己房间东西的摆放，自己动手做饭、洗衣、整理内务等。甚至会有自己的目标，这些目标虽小，但毕竟是自主选择的结果。当然，有些爱好不能持久，这就是自主选择的结果，选择本身就有保留也有放弃，保留下来的可能成为个性化的兴趣，甚至是真正的特长。

学校和家长们的主要任务是引导孩子逐步从“要我做”向“我要做”转变，聪明的家长会乐意品尝孩子自己动手做的饭菜，欣赏孩子房间的摆放和挂饰，满足孩子为自主选择提出的合理甚至不尽合理但无害的要求，使孩子们的自主意识得以建立和巩固。从此，父母与孩子的主动与被动关系将会发生反向变化。

这个时期是孩子获得主动感的开端，也是引导孩子积极主动生活学习的最佳时期。父母长辈表现的任何担心、责备和包办，都是孩子独立自主的大敌。此时的心理喂养比生理喂养更为重要。

11—12 岁，准逻辑思维阶段，皮亚杰称为形式运算阶段，初步达到本质抽象水平，是自立意识建立的关键期。

如前所述，小学期间儿童的思维水平总体处在感性思维阶段，主要任务是以全面、深刻、系统地感知世界为主，真正的逻辑思维和理性思维是12 岁前后逐步形成的。此时孩子们的思维活动开始超越具体事物，初步具备概括事物本质特征和内在联系的能力，类别化和序列化的逻辑思维能力运用较为自如。因而，这个阶段是培养和总结思维模式、思想方法、学习方法的关键时期。引导孩子们通过假设等方式进行推理，并与具体事物进行对照，验证自己的观察和判断，提升自己分析问题的能力；引导孩子们进行同类归纳、异类类比，理顺自己的感知系列，形成完整的认知结构系统和知识系统树，这样的过程有不少孩子会自发而不自觉地实现，但在有意识的引导下完成，将使其更加顺利地实现智商到智慧的转变。这一转变意味着一个人智慧的快速提升。

孔子的弟子颜回自小好学，“年十三，入孔子之门”，是当时孔门弟子中年龄最小的学生。他年龄虽小，但天资极聪颖，学习起来进步神速，连聪明过人的子贡也自叹不如，因此被列为七十二贤之首。子路说：“颜回是闻一知十，而我是闻一知二。”事实上，所谓闻一知十，靠的就是在对规律的把握基础上的归纳和演绎。

老师和家长们要认识到，教孩子学会书本上所有的东西，孩子可以得100 分，但那只是把智商变成了知识，而不是变成了智慧。把智商变成智慧，最重要不是教会“是什么”，更重要的是教会“是什么”是如何知道的，在什么情况下可能还会变化，变化的条件都需要优秀的人去尝试，而思考和尝试的过程就是创新。

少年期 13—15 岁的特征及教育策略。

13—15 岁，是形式逻辑思维的形成阶段，也是中国学制的初中学习阶段，是自我定位期、青春恋爱期、成长爆发期三期合一期的重要阶段。

这个阶段的孩子基本可以脱离具体事物和情景运用符号进行演绎、归纳和类比推理，这无疑就是皮亚杰所说的形式运算水平，更为重要的是这是真正的形式逻辑思维，是辩证思维和创造性思维的基础。感性思维的统治地位被理性思维取代。为此，笔者按照“最邻近发展区”的思想，在儿子小学毕业到上初中的假期中提前安排他看了形式逻辑教材。笔者不知道他是否能完全学懂，但笔者知道至少直言判断、选言判断、假言判断、归纳和演绎推理及探求因果的逻辑方法他是能基本学懂的，这种有意识的逻辑思维训练，会让他中学期间的学习和生活如虎添翼。

初中阶段又称为青春期、少年期，这三年时间是个体身体发展的一个加速期。据不完全统计，初中时一个人在集体中的表现基本决定人的一生，也就是说初中时在同学中的位置高度，往往就是人一生在人群中的位置高度。这个阶段，孩子们的思维水平迅速提高，独立思考能力初露锋芒，希望自己的想法能得到认可；生理迅速成熟，成人感初步显现，渴望变换社会角色。但心理和经验还未能发展到相应水平，导致身心发展很不平衡，经常产生挫折感。这是一个充满矛盾和困惑的时期，按照艾里克森的观点，思想意识再一次进入自我，一系列关于“我”的问题探索反复萦绕心间。按照霍尔的说法，这是一个“大动荡”的阶段。

由于理性思维的作用，孩子们对许多问题开始深入思考，开始考虑“我是谁”“我应当做什么”“我想做什么”等问题，因而也会有种种自己的看法和想法。正如苏霍姆林斯基说的：在学龄初期，教师对儿童来说，是打开事物和现象的世界的人；而在少年时期，教师就是打开思想世界的人。由于这个阶段孩子们基本具备了逻辑思维能力，聪明的家长和老师，会启发引导孩子考虑知识的分类、联系，不同性质及对应事实的关系等充满理性思考的问题，使孩子们的思考水平产生质的飞跃。

也正是由于逻辑思维能力的确立，直接导引了个人定位的寻求，相对于2—3岁的自我意识，这次更为强烈。因此，难免有强烈的自我中心意识，主观武断、自以为是均有所表现，中国人习惯上称为“逆反”。同时生理的成长带来心理的变化，直接引发了青春恋爱倾向，中国人称之为“早恋”。少有家长和老师懂得教育青春少年的真正科学认知，因而对孩子们的表现少有合理的情绪、正确的态度、适当的行为，“逆反”“早恋”“中二现象”等不正确的看法和说法充斥在校园、弥漫在家庭。事实上，这些说法和想法都是不科学的，而且十分有害，在本书的困惑与对策部分中将专题论述。

在这三年迅速成长的时间，相对独立的人格在自主意识导引下逐步展开，遗传得来的气质类型得以自主显现，充满个性的性格开始萌芽。需要注意的是，人格结构由气质和性格两部分组成，气质体现人的生理属性，是先天的，一般不易改变；而性格体现人的社会属性，态度、意志、情绪和理智四个方面都要靠后天的修炼。有不少孩子在学校表现很好，一旦回到家里，就成了不讲道理、不讲文明的“小霸王”，这会造成孩子的双重人格，这种人格特征会给以后成长带来心理和行为问题。更为重要的是性格的四个要素，基本是人的非理性素养或情商内容，重视性格的养成某种程度上说就是重视情商培育，在建立自主意识的关键期着重培养孩子的非理性素养会得到事半功倍的效果。

青春期16—18岁的特征及教育策略。

16—18岁，高中学习阶段，逻辑思维成熟阶段，人生观、价值观创建期，人格特征成熟期。

这个阶段正值中国的高中时期，大致有五大任务：一是建立社会支持系统，提升独立生存能力；二是转变学习方式，适应高中的学习内容；三是探讨人生价值，学会与人交往；四是健全自我意识，完善人格特征；五是选择发展目标，应对人生大考。

与初中相比，高中生的自我意识中“自我中心”倾向逐步减弱，开始变得较为客观，社会学原因是孩子们真正离开家庭住校独立生活，要独立与人交往，还要独立安排生活和学习，他们要关注别人，了解别人对自己的看法，注意力放在了在人群中发现自己的位置，在人群中寻找生存空间。然而，对于长达 15 年习惯别人时时处处为自己着想的独生子女们来说，这并不是一件容易的事，适应高中生活就成了众多孩子的一大难题。

大部分高中生多多少少会遇到适应困难问题，少部分孩子会出现心理问题，甚至严重的心理问题。家长除了学会放手外，还要密切关注孩子的心理变化，给孩子正确而又及时的指导和帮助。这个阶段的自我意识难以确认，主要是因为既要接纳别人，又要让别人接纳自己，实质是要真正自己接纳自己。刚刚步入青年时期的人开始寻求自己的社会角色，对他人对自己的态度和评价非常敏感，在自己经验的积累、教训的吸取和别人的评价中不断修正自己的自我意识，探寻着自己的人生观和价值观。初中的学生只有约 40% 开始考虑人生社会问题，且并不是清醒认知，只是朦胧模糊意识。高中阶段是个体自我形象逐渐达到稳定的时期，大多数学生开始清醒地考虑“我怎样做才能得到别人的认可”“什么对我最有价值”“什么事情是我应该做的”“我为什么活着”等问题，在这个阶段形成的对自身的看法，有许多都持续终身。当然这个时期的人生观和价值观还不稳定，容易受到外部环境的变化而改变。正确的价值观的确立，具有延缓直接满足的功能，使高中生逐渐地学会将自身努力作为实现目标的桥梁，使其在学习和生活中更加努力、勤奋，因此，这个时期又是丰富情感、锻炼意志力的最佳时期。

修正和建立自我意识的过程也是自我接纳的过程，通常有两种截然相反的接纳方式：一种是对自身以及自身具有的人格特征持积极态度，能正确对待自己的长处和短处，以发展的眼光看待并面对自己的优点和不足；另一种是对自己的方方面面持否定态度，忽视自己的优点。值得注意的是，并不是一个孩子只会有一种接纳方式，而是每个个体都可能有两种接纳方式。这是每个孩子自我意识发展过程不可缺少的心理过程的两个侧面，两种接纳方式相互交错，最终稳定的自我得以建立。当然，有的人肯定接纳占主导地位，有的人否定接纳占主导地位。家长的责任是帮助孩子尽量肯定地接纳自己，学会宽容别人、学会理解差异、学会等待成长、学会经受考验。

教学方式的改变是相当一部分高中生的适应难题。初中以前强调的预习标准并不高，实质上只是要求学生带着问题听课，增强学习的针对性，仅此而已，何况有预习习惯的学生还是少数，长期灌输式的教学造成了学生被动思考的学习习惯。而高中教学多用启发式教学，调动学生先思考找出问题后，老师再精讲；或者老师提要式引导，提出问题让学生自己主动思考，最后才系统讲授。这实际上是寻找问题、分析问题、解决问题的完整过程，这与初中以前的教学方式有质的差别。对于高中生来说适应这种改变不需要在能力上做文章，只需要在习惯上想办法，而且第一步寻找的问题越多越好，就像小学生谁上课举手提问越多，谁收获越多。事实上，在初中就应当实现这一转变，较早进入自主学习发展状态的孩子甚至在小学高年级就能做到。笔者的儿子是在小学四年级进入自主学习和发展状态的。小学毕业后上初中前的假期，他又学习了形式逻辑，尤其重点学习了探求因果的逻辑方法部分。所以，他听课从来只听自己的问题，然后做自己的事情。就高中生的思维能力而言适应高中的教学无须焦虑和恐惧，关键是要提前探讨明确懂与非懂，等待老师课堂上的验证和解答，然后梳理巩固。适应的时间不能太长，最多一个月，否则势必影响学习的进度。

话题十八

成长中的游戏与生命、时间与效率

——占有时间与有效利用时间是完全不同的两回事

爱玩是人的天性，只不过有的人玩心重，有的人玩心轻；有的人会玩，有的人不会玩。爱玩作为天性的表现方式与生命的质量有关，也与生命的效率有关。占有时间是提高效率的前提，但不是充分条件，时间与效率并不是对等关系，高效的生活与工作往往与智慧的方法相关。

案例：

2014 年福建省有一个叫冷然的 10 岁孩子参加了高考，并以 574 分的成绩超过一本线 68 分。他没有上过名校，小学期间的学校是乡村小学，他的小学用了三年，初中只用了一年，高中才用了两年，从小学到高中毕业只用了别人一半的时间。

点评：

从小学到大学的课程设置是按照同龄人的中下水平的数量和质量标准设置的，而且留足了人的休息和游戏时间，对于大部分孩子来说，多用的时间可看作无效率地重复已经尝试过的内容，目的仅仅是要双百，或应付一次次考试。而有些孩子却可能在最短的时间内，学会课程内容，并大幅度地学习掌握下一阶段的内容。

时间就是生命，掌握时间就把握生命，这不需要条件，或者说是绝对无条件的。

无论是学生还是成年人，大部分时间并不产生效率。人们有大量的时间发展自己的兴趣，而这些兴趣往往成为学习和工作的有力支撑。美国微软公司的一份调查显示：美国的劳动者平均每周上班的时间为45小时，其中至少有16小时不具有生产性，事实上每周的有效工作时间是29小时，平均到7天里，每天只有4小时。人的一生按照30年工作时间算，有效的时间是5年。人的一生衣食无忧，就是这5年有效工作时间换来的。当然这只是平均数，事实上有的人有效工作时间不满5年，有的人却可能超过10年。普通人一生有8—10年时间在看电视或玩游戏，杰出的人却会用别人浪费的10年时间发明创造。

似乎许多人都懂得，时间就像海绵里的水，你挤它就有，你不挤它会自然蒸发。在笔者看来这只是表面化的，更深层的含义是，在人生的不同阶段人们的等量时间是不等质的。在学习阶段或者事业准备阶段的1小时要与工作以后的10小时画等号，要和结婚生子后的一个月画等号；青年时代的1小时要与中年时代的1个月、老年时代的1年画等号。学生阶段时期是黄金时间；结婚以前是白银时间；结婚以后是黄铜时间。每当看到笔者的儿子利用时间稍有懈怠时，笔者总是反复告诫，时间是有弹性的，时间对于学生时代宝贵无比，可以说谁占有了时间，谁就占有了天时。在学习期、准备期时间抓得越紧越好。学习阶段、准备时期荒废的时光是很难补回来的，正因为这样，汉代《乐府诗集·长歌行》中才有“百川东到海，何时复西归？少壮不努力，老大徒伤悲”的诗句。

乔布斯说得好：“如果你做某件事情，结果非常好，你就应该尝试做其他有意义的事情，要经常想想下一步做什么，不要在一件事情上逗留太久。你的时间是有限的，因此不要轻易浪费它，不能生活在别人的世界里。”

一个人要想得到，先要付出；要想得到更多，你就要付出更多；要想得到最好的，你自己先要成为最好的。时间每天都是新的，只有放下浮躁、懒惰、懈怠，它才属于你。而拥有时间的人才能拥有未来。笔者看到一则微博，非常欣赏其中的一段话：越努力就越出色。放下你的懒惰，放下你的浮躁，放下你的三分钟热度，放宽你禁不住的大脑，放开你容易被任何事情吸引的眼睛，闭上你什么事都想聊两句八卦的嘴巴，静下心来好好做你应该做的事，你会发现自己比想象的优秀。

效率对任何人都是重要的，学生学习也是一样。但是占有时间和有效利用时间是完全不同的，普通人只是注重时间本身，大量的时间往往用于重复和争名次，结果是时间占有越多，离真正目标越远。

以适合自己的思维方式独立思考带来的对事物的认识以及判断问题、分析解决问题的能力是最重要的。假如忽视独立思考，一定不会懂得自主学习，也不会独立开展工作，更不会独立应对生活中的种种困境。由于思维上的贫瘠，同一时间的学习、工作效率会大大降低，这就是为什么很多时间抓得很紧和知识掌握很好的人，并没有带来个人能力价值的提升。因为过度地关注时间管理，却没有留出思考反省的时间，一天天像机器似的重复着相同的动作，这种麻木和习惯反而扼杀了个人的创造力。

世界著名生物学家、清华大学副校长施一公，在新生开学典礼的演讲中说："重要的不是智商，而是时间的付出和方法的改变。"笔者反复强调，一个人书架上的书多、收集的知识和信息多，并不代表就能看得多，看得多并不代表领会得多，领会得多并不代表能够用得多，用得多也并不代表能产生的价值多。占有时间和拥有效率是两回事。这涉及自我学习模式的构建问题，纯粹记忆积累型的学习模式只能培养高分学生，只有创新创造型的学习模式，才能造就创新性人才。从某种角度说，任何漫无目的的学习，为学习而学习，往往过程辉煌，效果平淡。

我们的教育有些问题。本来可以安排时间用于了解自然、社会，发展自己的爱好和兴趣，只要这个孩子愿意探索，有许多时间可以利用。目前，学生学习压力大、任务重也不完全符合事实。所谓压力大来自于处处求完美，每每要双百，事事争第一。笔者知道自己的儿子上学期间把相当多的时间放在了课外，他与学校和老师的冲突不少，说穿了就是他并没有在学校规定的时间里做学校规定的事。其实，对一个珍惜时间的孩子来说，单就课程内容而言，学完小学课程只需要两年多的时间，初中三年只需要一年半，高中的课程最多也只需要两年，大学四年的课程，其实只需要一年多，其他的时间完全看自己的安排。就像笔者儿子说的：小学四六开，40%在课内，60%在课外；初中五五开，课内课外各半；高中六四开，60%在课内，40%在课外；大学二八开，20%在课内，80%在课外。

游戏是人的天性，不论大人孩子概莫能外，但游戏的作用是学习和休闲，对成人来说主要是休闲放松，对孩子来说主要是学习，通过游戏学习社会行为，揣摩人际交往经验，发现自然和社会规律，培养多种能力。但游戏毕竟是游戏，其超越的价值并不会直接显现。如果把游戏当事业，那将一无所获，成人因此耽误工作，制约发展；孩子因此耽误学业，停滞成长。

当今的信息化时代是一个充满机会的时代，也是充满风险的时代，网络与游戏给全世界的基础教育带来了严峻挑战。如果一个人整天只与游戏相关，那将是灾难。互联网是个好东西，但它却提供了许许多多的虚拟空间，心智不成熟往往混淆现实与游戏，有的人不仅沉溺于动漫，还会在现实生活中模仿和实践。对意志薄弱的人来说，电子游戏就是新时代的“鸦片”，他们正在沦落为“电子儿童”，家庭稍不注意，就会前功尽弃，这是所有的家庭在教育孩子过程中应当充分注意的。更让人们担心的是，最近的调查表明，目前在校大学生平均每人每天摆弄手机的时间是5小时，每天22%的时间用于玩手机，而且并不认为有什么不妥。

一个两岁的孩子玩手机等电子设备十分熟练，这往往被大人们看作聪明的标志，其实恰恰相反，因为电子产品的最大特点就是把复杂的设计转换为简单的程序，如同傻瓜机，这种程序化操作，不仅不能体现人的聪明才智，反而会使人们放弃对事物规律的探求。长期使用会使一些自制力弱的孩子对世间万物的探索能力和认知能力下降，这些孩子可能会成为使用电子产品的高手，却会成为学习、生活和工作的低能儿。

在我看来，电子游戏与现实游戏的价值无法比拟，电子游戏的趣味性、刺激性、竞争性强，但超越现实，情节单一，色情、暴力、杀戮、唯我独尊等不健康的内容贻害无穷，让孩子过早地成为“触屏一族”，将对整个民族带来严重危害。北京同仁医院眼科中心 3 位医生拿自己的孩子做了一周的实验，结果显示：每天玩 20 分钟的 iPone，3 个孩子平均视力接近假性近视状态；每天玩 20 分钟 iPad，泪膜破裂时间与干眼症患者相当。玩 10 分钟手机，相当于看 30 分钟电视！看来，让孩子远离手机等电子产品应当成为家长们关注的大问题。

限制中小学生用手机已经成为各国政府的共识。法国总统马克龙在竞选期间作出承诺：“我希望所有的小学和初中禁止使用手机。”有调查称：拥有手机的法国青少年一半在课堂上使用过手机，八成在学校玩过游戏。为此，法国教育部拟出台《校园禁止手机条例》。德国提倡学生使用不具备上网功能的学生专用机，韩国学校配备学生手机上学期间存放柜，美国学生在学校期间使用手机，学习成绩降半个字母。

马云说：“阿里巴巴不搞网络游戏，因为网络游戏有百害而无一利。我不希望我的儿子玩游戏，如果中国孩子都玩游戏，中国就没有前途可言了。而且我通过分析发现了在全世界时间不值钱的国家里游戏是最畅销的。你会发现全世界最先进的游戏制作国家是哪些？美国、韩国、日本，但是这些国家永远不鼓励自己的老百姓玩游戏，它是用来出口的。有一天我们的领导突然会醒悟过来问我们的孩子在干什么？在玩游戏的话，一定要对他进行限制。因为游戏不能改变中国的现状。所以我说不做游戏，饿死也不做游戏。”笔者欣赏马云的爱国情怀，但这不是解决问题的办法，问题的实质是要让孩子选择到比网络游戏更好的东西。

中国的年轻人容易上网成瘾，很多人通宵玩游戏，很多家长不给家里装宽带，孩子就会去网吧玩。笔者认为是没有更贴近孩子生活、符合孩子天性的东西来吸引他们。我们的成人不喜欢户外活动，就不会引导孩子去郊游。孩子们是在社会活动中学习的，也是在社会活动中人与人之间游戏的。还是杜威说的那句话："教育即活动，学校即社会。"人作为社会动物，第一需要是人与人之间的交往，人与人之间的活动应当是最具吸引力的。对孩子来说，孩子之间的交往应当是最有吸引力的，只要我们不随意强占孩子们自己的时间和空间，只要学校教育与社会生活紧密结合，只要家长们不再为孩子安排过多的校外班，只要我们把孩子当孩子，只要孩子们没有感到种种莫名的压力，上网成瘾就会远离我们的视野。在这个方面，遍及各大洲的华德福学校做得较好，在他们的学校里，幼儿与小学生不看电视，不学电脑，倡导在大自然里学习，重视手工、劳动、体育、艺术、身体韵律、自然观察、多元文化等的学习。

现实游戏的知识性、经验性、社会性强，涉及内容比网络游戏丰富，需要人的智商，也需要情商，更需要人作为人的社会性，孩子们的真正成长需要的恰恰是这种社会性。对孩子来说，即使最简单的孩子之间的互动游戏，也远比最先进的电子产品给人的启发多得多。

值得注意的是，游戏是人的天性，人又有好奇心，在现代社会不可能不接触电子游戏。笔者想说的是，不是不能玩，要看在什么情况下玩。当孩子们足够成熟，他们会认识到时间很宝贵，青春很重要时，当他们清醒地认识到，虽然电脑游戏很好玩，但它们太浪费时间，而这些时间我应该设法用来产生更大的效益时，玩电子游戏只会是偶尔的放松和对科技领域的了解，这时的游戏才真正实现了天性与成长的融合。

玩网络游戏与利用网络学习和生活是两码事，后者才是建设性的。前者轻则为放松、享受，重则就是逃避、堕落。英国 9 岁的男孩亨利·帕特森是一个利用网络提升素质的最佳例证，也是真正现代素质教育的典型。当同龄人在拼命看动画片、玩积木、玩电子游戏时，英国 9 岁男孩亨利·

帕特森做起了第三桩生意，在互联网上开了一家糖果店，一周完成了一个月的获利目标。他从7岁涉足生意场，自己动手设计页面和商品商标，开发市场，做各种各样的表格，计算利润，相当能干。我们周围也有玩游戏成才的，如做动漫的、编制游戏软件的，然而，这毕竟是少数，不能成为沉溺电子游戏的理由。

话题十九

家庭教育中的困惑与对策

——走出误区、远离困惑

教育价值都是指向人的，而不是学科知识本身及学习成绩。因此，教育要以人为本，以学生为中心，以孩子的健康成长为目的。然而，现实的教育往往偏离这个轨道。我们的不少家长虽然看了许多书，参加了许多培训班，但真正到了教育实践中仍有许许多多的困惑。我们的许多担心是多余的，我们与孩子的许多争吵是不必要的，我们许多信以为真的信条并非科学，孩子们的许多眼泪是不必要流的。

“早教”之困——输在起跑线上

案例：

上海儿童医学中心发育行为儿科专家章依在门诊中就见到这样一对焦虑的爸妈：孩子不满1岁时就开始开发孩子的语言能力，比如念古诗、讲故事给孩子听。2岁时，开始对孩子讲英语，希望培养孩子的“语感”。而当孩子3岁多时，却连一句完整的话也说不清楚，这不能不说是早教的悲剧。

点评：

这其实是对早教的误读。关于早教有时间、内容和基础三个重点需要把握。就时间而言，并非越早越好，而是对应生理与心理成长的关键期，尽早选择符合这个关键期的教育；就内容而言，要考虑符合成长阶段、符合成长环境、符合孩子自身特点；就基础而言，主要是父母的遗传特征，也就是说早教的基础从父母确立恋爱关系且结婚就已经决定了。早教很重要，但误区和困惑也最多，不懂得早教的选择，成功只是偶然的，不成功则是必然的。

当今，“不能让孩子输在起跑线上”似乎是绝大多数家长的共识。有的认为孩子教育要早动手，采取了“许多积极、主动、系统”的早期教育行动，这应当算作是积极干预型；有的认为孩子教育要顺其自然，让孩子无忧无虑地成长，这应当算作是顺其自然型。这两种观点，从某种程度上说都是对的，但在一定条件下，都会产生歧义和困惑，关键看在这些正确观点指导下的方向、方法、内容和时机的选择。

如果笼统地说早教好不好，回答是肯定的，早教是可取的。根据孩子的大脑发育、生理发展水平在一定阈值范围内，尽量早地安排相应的早教内容，可以说越早越好。但不合时宜的“早教”一定适得其反。超越其大脑发育的特定阶段，大量地强制安排理性知识和技能的教育，除了会使孩子因体力、智力、心力不足失去自信、兴趣、欲望外，不会有好的结果。

早教首先应当区分为两个阶段、若干个步骤，其中两个阶段是指先天和后天或出生前的准备期和出生后的童年早期，童年中晚期以后的教育不属于早教范围。

怀孕期间的教育往往被大多数人忽略，但这个时期母亲的教育及母子感应必然会对遗传产生影响。怀孕是孩子生命的起点，也是前父母教育的生存环境设置、实施阶段，这一阶段围绕孕妇身心健康的家庭环境、社区环境、工作环境、朋友交往氛围的打造十分重要。德国心理学家施泰伦认为：遗传和环境在人的形成和发展过程中的作用始终是交织在一起的，很难明确区分，遗传从怀孕起就受环境因素的影响，出生后环境的影响无时无处不在。

有科学家在研究大脑与荷尔蒙的化学物质时得出结论：在母亲与胎儿之间传递着一种与电信号完全不同的信号，如母亲一紧张，其内分泌就会有明显变化，这种变化就会对胎儿直接发生影响。胎儿 5 周能对刺激作出反应，8 周时开始通过蹬腿、摇头表示喜好或厌恶，6 个月会在不满意时发点小脾气。如果母亲真心盼望孩子到来，孩子出生后心理健康；如果母亲对孩子到来有矛盾心态，孩子出生后大部分会有行为问题；如果母亲对孩子到来感到无所谓，孩子出生后大部分性格冷漠；如果母亲根本不愿意要孩子，孩子容易早产而且情绪化性格突出；如果母亲怀孕期间总受委屈，孩子容易患自闭症或抑郁症。因此，胎儿在母亲子宫内时就能对母亲细微的情绪变化作出反应，而不良情绪对其影响最大，这似乎能从一定程度上解释，在压力巨大的现代社会自闭症孩子明显增多的原因。

按照发展心理学揭示的原理，教子应从十月怀胎开始。胎教不仅包括音乐、故事，还应包括心理调节。母亲在怀孕期间的心理状态、心理活动应当是孩子未来潜意识的重要组成部分，语言是思维的物质外壳，语言刺激，对母亲来说是文字，对胎儿来说是有意义的符号。有些细心的母亲发现，宝宝出生后的很多习惯与自己孕期的习惯惊人相似。母亲孕期脾气暴躁，宝宝也必然霸道；母亲孕期时常忧郁，宝宝也必然愁苦；母亲孕期这不吃那不吃，宝宝也必然挑食；母亲孕期深夜不睡，宝宝也必然爱晚上闹腾；母亲孕期积极向上，宝宝也大多生活阳光。大家都知道一个人的气质是先天的，而在先天遗传中，除了血型外，影响最大的因素就是孕期母亲的心理和行为表现了。

许多年轻人已经充分注意到了这一点，比如说夫妻双方都注重生理健康，不饮酒、不抽烟等，但也只是注意了生理方面，心理健康并未提上重要日程。虽然没有科学的证明，但父母的精卵结合时的心理状态会对胎儿有影响，似乎符合物质与意识、生理与心理相互作用的基本规律。父母的生理与心理的相互作用形成的生理状态影响到每个组织和细胞包括胚胎，其心理情绪、情感和情结等任何情愫变化也会间接影响胚胎，否则不符合联系和发展的观点，也不符合系统论的基本原理。

目前中国自闭症患儿人数达160万，且发病率在逐年上升，已占精神残疾首位，他们虽然被称为星星的孩子，但毕竟不能像正常孩子一样幸福地生活。对于国家来说如何减少这样的孩子、对于家庭来说如何尽量避免这样的不幸，成为摆在人们面前的严峻课题。截至目前对于儿童自闭症的原因没有明确的科学结论，也许父母精卵结合时的心态、母亲怀孕期间的心情是重要原因之一，笔者所接触过的自闭症儿童有相当数量有父母感情不和、家庭关系紧张、母亲长期情绪低落等现象。如果再大胆地进行科学猜测，正常的家庭遗传、正常的父母，生育出盲、聋、哑、痴、呆、傻或多动、自闭的孩子，或许与胎儿相应器官发育时孕妇的生理、心理、工作有关，尤其与当时有害的心理事件有关。

大量的调查研究发现，父母亲在孕育胎儿时从事的工作性质和特点也会直接影响孩子未来的智力水平与人格类型。

顺其自然是一个不错的策略，但顺的是自然规律、遗传素质、性格特征，而不是一切放任，不加任何引导。让孩子顺其自然，但不是像野花一样成长。3 岁以前的教育，一年顶十年。12 岁以前，孩子的潜能基本定型。家长往往忘记“3 岁看大，7 岁看老”这一古训。“人之初，性本善，性相近，习相远”中的“习”就是后天环境、教育，早期的教育与环境一样非常重要。

出生后的早期教育是必需的，但教育的内容要符合孩子的生理发展规律，脑科学揭示的孩子思维水平发展规律是必须考核的指标。我们有许多家长热衷于在孩子很小的时候就开始实施各种各样的教育，认为越早开始学习，就能最大限度地开发孩子的智力和能力。当孩子还不能对整句语言完全理解时，就对着孩子念难以理解的古诗，讲有逻辑性的故事，甚至英文，这种所谓的早期开发都是无效的。相反，还会错过宝宝最佳的语言发育期。除语言外，孩子的视觉、听觉和行为发育都是循序渐进的。科学研究表明，儿童语言发育是循序渐进的，比如新生儿语言表达就是哭；到了 3 个月，会发出“嗯、啊、呀”的声音，并用微笑来表达；7—9 个月会对外界有应答，会牙牙学语；1 岁左右才会应答简单指令；13—18 个月时是孩子的词汇爆发期；19—24 个月时才会出现短语；36 个月时会使用句子，有提问、应答等多种表达方式。

教育学、心理学和社会学的研究还表明，大部分孩子 12 岁才开始依次发展抽象水平的逻辑思维、辩证思维和创造性思维。小学阶段孩子们的思维水平基本处在感知层面，并未完全摆脱照相机拍照式和录像机摄影式的学习水平，感性思维是其典型特征。因此，小学教育也应当围绕扩大感知面、深化感知层次、优化感知系统为主，而不应过早掌握理性知识。否则，当孩子们启动理性思维能力时将会因为感性素材的不足而沦为干瘪的记忆机器，由感性思维与理性思维结合引发的辩证思维和创造性思维也将成为无源之水。在感知思维占统治地位阶段强行灌输理性教育的内容是不明智的。记叙文是小学作文的最高形式，我们会发现许多孩子对作文犯怵，原因很多，但最重要的原因应当是缺乏丰富的感性体验。因为记叙文说穿了就是讲故事，故事更多的是对事情的感知而不是理性思考。写一个公园菊展，体验单薄的写得简单、呆板；而会感知的、感知体验丰满的写得有立体层次，有生动画面，甚至有声音。

许多家庭的早教，丢本求末，重点放在了学知识、学技能，而不是启迪智慧、完善人格、引导自主，而一个自主生活的人成功的概率胜过一个不自主生活的人上百倍。有不少关于子女教育的书籍和文章举了许多例子，以此引导家长们选择早教，如甘罗12岁做宰相，白居易1岁识字，莫扎特5岁作曲，德国数学家高斯3岁掌握心算，5岁便能解复杂方程式，然而，这些特例并不具有普遍性。其实，在教育孩子的事业中，几千年来，世世代代的中国人一直在跟时间赛跑，都知道跑慢了，十倍的补习班和百倍的金钱也于事无补。但方向不一定正确。这些名人之所以成功，不是因为抓了早期教育，而是因为抓对了早期教育，与他们一样抓早教，但不符合自己孩子特点而失败的更多。笔者非常欣赏一段话："如果让比尔·盖茨学跨栏，他能成为刘翔吗？如果让乔丹学金融，他能成为巴菲特吗？如果马云学钢琴，他能成为郎朗吗？"如果选择错位，任何人都不可能成功，不适合的早教就是"错教"，方向性的错误只会让孩子在错误的道路上越走越远。

几乎所有的家长都很重视孩子的早期教育，相当数量的父母想尽办法，花费大量时间、精力和金钱送孩子去最好的早教中心、最好的幼儿园和最好的小学，但多数情况下成功率却很低，原因就是没有做好早教的基础性工作，没有充分把握孩子的个性特征。实施早教的基础是了解孩子的智商，确立孩子的发展基线，将孩子的智商最大限度地转换成智慧。智商不只是质量问题，还有结构问题，从结构角度看有的高智商孩子某些方面却很弱，有些低智商孩子某些方面却很强。早年教育的主要任务就是在孩子的体力、智力和心理之间找到基线，确立孩子的发展高度，在孩子独有的智商结构中找到适合孩子的最佳点，确立孩子的发展方向。当然，要先确立方向，后确立高度。

就早教而言还有一个视角值得注意，也许是一个不容忽视的考量。恋爱是人一生的浪漫时代，也是造就孩子遗传因素和环境因素的黄金时节，因为选择了爱人不仅选择了孩子的内在遗传，也选择了孩子的家庭环境。人一旦结婚，也就预设了孩子的遗传密码，一旦生育就决定了孩子最重要的原始内在遗传基础，也决定了孩子最早的外部生存环境。然而，多数年轻人的恋爱只受感性驱动，不受理性约束，正是这种非理性的行为，让孩子的遗传因素和环境条件都成了撞大运。假如你选择了女汉子，你的女儿极有可能不会温婉贤惠；假如你选择了心胸狭隘的男人，你的儿子极有可能不会有宽广的胸怀；假如你选择的对象有家族遗传史，你的孩子极有可能会有先天缺陷，甚至可能殃及子孙后代；假如你们都拥有同样的高智商，一般你的孩子智商也会高，除非遇到恶劣的家庭和社会环境或重大变故造成的负性心理事件，并对母亲造成重大影响。这样讲并不是告诉大家选择对象要市侩和现实，只是告诉大家你孩子的遗传及日后教育环境有相当一部分是在这个阶段已经造就，你可以只重感情，但你要在随后的各阶段付出更大的努力，并降低你对孩子成长和发展的预期，甚至做好应对各种困境的思想准备。

在家上学之惑——缺乏社会性

案例：

前些年，在家上学吸引了许多家庭的目光，天津和上海有两个朋友，选择了让自己的孩子在家上学，结果去年不约而同地告诉我，不知所措，无法继续。共同的说法是，自己的知识不够，精力跟不上，也没钱请全程多科私教，更严重的是孩子根本不知道如何与别人交往，心智和经验与别的孩子好像差一大截，孩子好像无法融入社会了。

点评：

根据21世纪教育研究院发布的《中国在家上学研究报告（2013）》，在我国大陆约有1.8万学生离开学校，选择在家上学，媒体的用词是“叛逃学校”。《中国青年报》曾经以《在家上学逃离批量生产》为题进行报道。目前有不少中国家长对中小学教育有诸多不满，在北京、上海、广东、浙江、江苏、湖北、云南等地出现不少学生在家上学的案例，涵盖幼儿园至高中的各个阶段。这凸显了目前学校的不足与缺陷，家庭已经在寻求替代学校的其他途径。但是，选择在家上学，或体制外求学，只适合个案，并不具有推广价值。因为在家上学或体制外求学都需要许多充分条件，而一般家庭不具备这些条件。人是有社会性的，社会性的获得需要在社会中实现，孩子们的社会性获得基本是在伙伴交往中实现的，在现代社会主要靠学校生活。人的成长不仅需要知识，还需要社会生活，人的一生要处理的三个关系，即人与自然的关系、人与社会的关系及人与自己的关系，这三个关系的正确处理需要在人群中得以实现。在家上学需要有相当于学校的其他条件的替代手段，并不是每个家庭环境都适合，大部分家长不具备独立指导孩子个性化发展的能力和素养。何况任何人都是个性与共性的统一体，要保护个性，但也要发展共性，个性是自己区别于他人的基础，共性却是人成为社会人的基础。现实中发现，有些中断学校学习、脱离学校体制轨道的孩子，生活和学习难以达到理想的效果，再想回到学校已经非常困难了，再回归过程中，孩子出现了诸多心理问题。

经济和社会发展已经为在家上学提供了可能，互联网的发展为许多教育类公司提供网络产品奠定了基础。从幼儿园到高中甚至大学，所有的课程都可以在教育类网站找到，专家编辑的文字及名家讲课录制的视频绝不亚于一般学校老师的讲课。老师教学中不认真备课，没有自己的智慧和方法，照本宣科地推进课标内容，使这种反差更明显。加上教育事业的发展迅速，许多家长都有大学以上的学历，家长自己就可以担任孩子的老师。于是，孩子在家上学提上日程。

有一个通用英文词“homeschooling”，意为在家里上学。有人说这是美国19世纪末开始萌芽的一种独特的教育方式，并于20世纪50年代蓬勃发展。笔者觉得这不符合历史事实。“在家上学”在中国并不算是新鲜事物，在古代中国的富裕家庭中，请先生在家教书司空见惯，举办公学只是近现代的事。就像杜威说的，当中国学西方开始求大求全的时候，西方却学中国古代的私塾开始了小班制，甚至让孩子在家上学。因此，“在家上学”一不独特，二不新鲜。经济基础决定上层建筑，社会存在决定社会关系，在家上学是经济和社会发展的结果。在美国重新兴起是19世纪末，目前已有200万学生选择这种方式，在家上学已经成为美国增长速度最快的教育形式。21世纪初，在中国一些拥有较强经济实力和较高文化素质的中产阶级家庭，选择了自己在家教育孩子的方式。他们认为自己带领孩子学习，会更加关注孩子的个性、天赋和兴趣点，并在此基础上选择适当的教育方法和学习重点。

是否选择在家上学，应当具体情况具体分析，适合自己的才是最好的。不少选择非常规教育的人成功了，郎朗成功了，丁俊晖成功了，但大部分过早离开常规教育的人失败了。因为适合自己的才是最好的，才可能成功，而且还要有许多其他条件，比如父母的知识和经验，较好的经济条件，良好的家庭和社会支持系统等。《中国在家上学研究报告（2013）》中还说：“多数家庭主要由母亲负责孩子在家学习的所有课程。”这本身就是问题，心理学的研究表明，在人的成长过程中，男性的参与及与男性之间的互动，无论对于男孩还是女孩，都不容忽视。

更为重要的是人的心理、人格发展或者自我完善，是在与他人的关系中实现的。认知心理学的著名代表人苏珊·哈特尔说：“自我必须通过一系列的阶段来发展观察、评价、赞扬和批评的能力，这种发展就是从意识到他人正在观察、评价、赞扬和批评自我开始的。”年幼的儿童由于与群体互动较少，容易将自己的主观愿望和要求与现实混淆，往往表现为“自恋”。上学后的儿童由于与群体交往增多，才具有充分的能力在与别人的关系中对自己的思想和行为进行判断。如果选择在家上学，这种“混淆”和“自恋”难以改变。人的自我发展和完善涉及社会生活的方方面面，离不开家庭、同伴、朋友、社会各种支持系统，即使是儿童的“自我”也包括能力、行为品德和社会认可，不只是知识水平和能力。在家上学不能满足群体互动的充足条件，获得知识往往并不是发挥个性就能实现的，智慧更多地表现在各种关系中，道德是在他律中实现的，人格是在人际关系中形成的，知识不够尚可由品德和人格弥补，而品德与人格的缺失却无法用知识填充。

个体的发展是理性和非理性、知识和心理、气质和性格的全面发展，家庭也许能给孩子知识和一定的技能，但给不了丰富的情感世界，更给不了健康和完善的人格修养。在这个问题上不应复古也不应求洋，而要立足于人的全面发展。在家上学只是选择项之一，但不是最佳的选择，最明智的办法是在现有体制轨道，开自主发展的列车。我们的孩子既不可以离开群体，也不可以离开同伴，但完全可以选择学习的方式、方法和内容，可以尽早地构建起自主学习、自我发展的态势。

毫无疑问，孩子们叛逃学校，是对现行教育制度、体制、机制及教学、教材、教师队伍的严峻挑战，在制度、体制、机制不变的情况下，教师的水平亟待提高。一碗水教一碗水不行，没有自己的独特讲义照本宣科不行，没有高尚的园丁情怀而甘为人梯不行，没有宽广的胸怀来启发孩子们的质疑和创新也不行。如果这些你做到了，即使现有体制不变，仍然没有学生打算离开你。

叛逃学校对学生的心理发展和人格成长不利，但我们的老师需要改变。教师高深的学识是吸引学生热爱学习、获取知识的必要条件。一位优秀教师懂得的东西应比“大纲”规定的内容多许多倍，课程对他来说只不过是这门学科的起码知识。老师要有自己的讲义，这个讲义应当是课标知识点的扩展、深化、反思、疑问。小学的课程除了基础部分要在课堂完成外，大部分可以在社会活动中进行，既可以是现实场景的展现，也可以是历史事件的模拟，初中的课程至少50%可以在社会实践中解决，高中课程的三成结合社会实践效果更佳。这样的改革需要勇气、需要水平，更需要自我革命的胸怀。若非如此，你讲的课在网上都能获取，听课还有何用?

也许杜威的思想能给我们提供破解路径。杜威认为，好的教学必须能唤起儿童的思维。在他看来，如果没有思维，那就不可能产生有意义的经验。因此，学校必须要提供可以引起思维的经验的情境。作为一个思维过程，具体分成五个步骤，统称“思维五步”：一是疑难的情境；二是确定疑难的所在；三是提出解决疑难的各种假设；四是对这些假设进行推断；五是验证或修改假设。由“思维五步”出发，杜威认为教学过程也相应地分成“教学五步”，一是教师给学生提供一个与现在的社会生活经验相联系的情境；二是使学生有准备去应付在情境中产生的问题；三是使学生产生对解决问题的思考和假设；四是学生自己对解决问题的假设加以整理和排列；五是学生通过应用来检验这些假设。

“厌学”之囧——学生身份定位误区

案例：

小浩（化名）四年级，一、二年级时特别愿意上学，学习成绩也相当好，可到了三年级学习成绩慢慢滑坡，话少了，也不太积极完成作业，最后竟然一次次逃学，还有两次离家出走，跑到郊区奶奶家不愿意回来。

点评：

所谓“厌学”，一是没有兴趣，二是学不进去，三是学不明白，这只是普遍情况，特殊的表现是网瘾、逃学、辍学、离家出走，小小年纪就混迹于社会。这是学校之大惑，也是家庭之大困。学校的办法是鼓励学习好的，批评学习差的，结果适得其反，学习差的孩子日渐挫败，每每考试“无颜见江东父老”，对学校有了心理学意义上的“恐惧”；家庭的办法是给孩子报各种补习班，然而，各种校外班恰恰是孩子“厌学”的起因之一，结果如同火上浇油。事实上，问题的根本原因是，学校、家庭和孩子自己没有找到学生的身份定位，学校不允许孩子做错题，家庭不允许孩子犯错误，孩子找不到自己。小学阶段的重要任务不是学习多少知识，而是在学会独立生存的基础上，掌握自我获知的方法，把智商变成智慧，进入自主学习和生活的发展态势，偏离了这个轨道，“厌学”就成为可能。

应对孩子“厌学”的思维路径应当是“以人为本”，最佳方略应当是尊重人的生理与心理发展的规律。比如“好玩”“好奇”“好问”是人的天性；比如12岁前以广泛、全面地感知世界为主，12岁之后以深刻、系统地思考世界为主等。如前所述，0—18岁，每个阶段都有每个阶段的任务，不可逾越，更不能倒置。据此，小学阶段有五项主要任务。

任务之一，找准孩子的身份认知，还学生本来面目。

刚刚上学的孩子，是儿童也是学生，学生身份教育非常重要，应当列为学前教育之首。

以科学的身份确立为基础，引导兴趣，保护自信，积累成功，形成兴趣与自信的相互促进，是刚上学孩子的必修课。6岁的孩子刚刚上小学，刚刚踏进真正的群体或集体生活，孩子们愿意观察，也急于判断，但观察力、判断力水平都不高，在观察别人、模仿别人的同时，也非常在意别人的评价，因此，比较敏感、脆弱，易受挫折和伤害，正是在这个意义上说，这一时期又是自信建立的关键期。整个小学期间，尤其是在一、二年级学生身份定位要放在首位，其次是保护个性及与其相关的探索欲望和兴趣。

没有缺点的人生只是一个童话，人生无须掩盖自己的不足。《左传·宣公二年》："人谁无过，过而能改，善莫大焉。""人非圣贤，孰能无过"的成语出于此，意思是人非完人，谁也不可能不犯任何错误，重要的是犯错以后能够及时改正。一个孩子更不可能不犯错，无论是学习还是日常生活，都会不断出错，否则，就不是孩子了。

古人云："小人无错，君子常过。"君子都能时时看到自己的不足，只有小人才有"都是别人的错"的心态。如果做一道选择题，在神仙、圣贤和普通人中选择一下自己的身份，任何人都会发现，我们都是普通人。即使是神仙也有打盹儿的时候，圣贤也有弱点，何况我们都是普通的人，只是成年人相对未成年人来说犯错误会少一些。

完美主义、绝对化和非此即彼是造成不健康心理的认知基础，事实上完美只是创作的结果，最美的图片是在许多照片中筛选出来的，完美的人生是作家高于生活的艺术提升，即使最美的图片也不等于完美，也有不能令人满意的地方，即使是最壮丽的人生，也有不尽如人意的评论。人世间根本没有完美，一切的美都是相比较而言的，正因如此，人们才在不停地追求，所谓社会发展才日新月异，所谓换代也许就是最好的说明。

学生就是学习中的人，学习中的人每天都要犯错误，每天都要做错题。犯错误是孩子成长的机会，关键是让孩子明白，怎样从错误中汲取经验和教训。正如美国《第 56 教室的奇迹》中"最牛教师"雷夫·艾斯奎斯说的："当孩子不再怕老师的时候，他们会做得更好。"笔者要说："当孩子们不再怕做错题时，他们会考得更好，当孩子们不再怕做错事时，他们会大胆幻想、探索、创新。"学生、儿童就是在不断地犯错改错、错题改题过程中，逐步完善自己，逐步成就未来的。父母的明智选择是希望孩子过平常人的生活，成为平凡的人，拥有平凡而又充实的幸福。至于成为杰出的人要靠孩子自己努力。

不允许犯错误、不允许做错题，事事要做到最好，次次要一百，这是一种可能，这种可能必然要求高质量的操作，同时会造成对失败和挫折过度敏感，一旦受挫容易产生消极负面情绪，这种情绪就是对学习失去兴趣，对学校产生恐惧的心理根源。因为小小年纪难以承受把学习变得非常艰苦的心理搏斗的折磨。2013 年 9 月 30 日，中央电视台播出了一条新闻，江苏东海县的一名四年级女学生被老师打了 60 个耳光，原因竟然是做错了一道题。这个班上 34 个学生，只有 1 个学生未挨过打。这个老师是不是根本不了解老师的职责？难道老师只是教不做错题的学生吗？如果孩子们都不会做错事，也不会做错题，还需要老师和学校吗？

问题的关键不是杜绝孩子出错，而是及时发现，并正确解决，无论是日常生活还是学习都应如此。2013 年 5 月 4 日一个星期六的上午 10 点 30 分，河南省焦作武陟中学一名 15 岁的初三学生从教学楼的四楼跳下，造成腿部开放性骨折和肺部挫伤，昏迷不醒。该学生曾被要求交了 2000 元的“不犯错误”押金，保证在校期间不犯错。他的妈妈哭着告诉记者：那天是孩子的班主任让她去学校的。老师说孩子在学校不学习、捣乱，让她把孩子领回家，不领回家也行，孩子得写保证书还要她签字，然后每星期来学校陪读两天，要不然他就把保证书递到校方。老师把她和孩子留在办公室写保证书，等孩子写完保证书了还没见老师过来，孩子就说他到五楼教室，把保证书交给老师。谁知 20 多分钟后，一个学生跑过来说孩子跳楼了。跳楼的原因可能有很多方面，但最重要的是孩子知道，不犯错误太难，自己做不到。

自我批判既是建立自信的有效工具，也是个人客观性智慧的一个体现。但即使对待自己也要客观，既不能妄自菲薄，也不能自高自大，而要始终实事求是。知道自己犯错误是正常的，做错题在所难免，就不会因为考试成绩不佳而沮丧，也不会因为挨批评而失去自信，当然也不会因此失去学习和探索的兴趣。不怕失败与敢于创新，在一定程度上是一回事，很多时候“创新”最后并不一定能成功，成功的创新很大程度上取决于你怎么处理失败，失败是成功之母的意义就在于此。在你奔向目标时可以铺好安全垫，不用太害怕失败。不怕失败的人总是无所顾忌的探索者。当孩子没有恐惧的时候，他才敢于尝试新生事物。从某种程度上说，不怕犯错误，就少有失败的挫折感，也不容易丧失自信。

现实中所谓“好孩子”并不是不犯错误，只是老师和家长经常视而不见，充耳不闻。同时，人们说不怕犯错误，就怕重复犯错误，这句话对成人都不能说是绝对正确，对心智不健全或不甚健全的孩子来说更是个错误命题。感性认识占主导地位的孩子认知不稳定，自控力也不固定，不重复出错无论从生理发育阶段还是心理成长水平来说绝大部分孩子很难做到。没有最好只有更好才是真理，但总是有很多人要最好，更可悲的是有人真的以为自己或自己的孩子最好，这样的思维方式必然导致心理问题。

任务之二，培养浓厚而广泛的学习兴趣，激发取之不尽的学习动力。

通过广泛感知周围环境，感受纷繁复杂的现象，收集整理感性经验，预设更多的未知领域，为未来自信发挥作用提供丰富的感性素材，是小学教育或者说是感性思维占主导地位时的主要任务之一。长期以来，我们教育孩子好好学习时习惯说一句似乎是真理的话：“书山有路勤为径，学海无涯苦作舟。”这句话听多了，没有人认为有什么不对，问题就出在这儿。杜威在《教育即生活》中给出了最详尽的论述。学习的人尤其是儿童对学习没有兴趣，所以，求学被看作苦差事，许多老师和家长不知道为什么会这样，以为人类的天性就是不喜欢求学的，只是为以后能有出息不得不学。事实上，失去兴趣的原因就是学习的目的仅是掌握内容本身，课本上的东西与丰富多彩的现实生活脱节，也与社会和生活无关，学习的过程只涉及学生与书本，也就是说，问题就在学校教育方式远离社会，书本上的内容远离生活。有一点是肯定的，小学的课标内容基本上可以在丰富多彩的生活中解决。小学语文教学最难的似乎是记叙文，而不走进自然，不参与社会活动，是写不好记叙文的。在小学数学中平面几何算是较难的知识了，然而，所有的面积公式均可以在饭桌上用半个小时解决。流行千年的教育至理名言一开始就是谬误，应当改为“书山有路趣为径，学海无涯乐作舟”。要做到这一点，有两个方面的工作不可缺少：一是学校即社会，让学校成为社会的一部分；二是教育即生活，结合生活教授书本的内容。

事实上“好学好问”是人的天性，在儿童时期尤为突出，成人这种天性的淡化是由于要承担更多的社会责任，没有太多的时间用于求知。每个家长都有这样的困惑，上学前孩子整天围在身边问东问西，时常让人无法回答，可一上学很快就厌烦上学了，问题出在我们扼杀了人与生俱来的好奇心。笔者把好奇心比作求知器官和心脏，它导引的是兴趣的脉搏，提供着源源不断的血液动力，如果能有效地保护人的好奇心，一般情况下就能确保其探求知识的动力。在此基础上，掌握求知方法，发展生存智慧，就能使这一动力发挥出应有的效能。家庭和学校要学会接受不同，学会启发探索。越是聪明的孩子，越是有思想，学习欲望强的孩子是容易出现此类问题，在中国，孩子们的探索受到批评和排斥司空见惯，而积极探索的尝试受到质疑是最可惜的。

“好奇心”就像富有弹性的背囊，保护它的弹性最有效的办法是满足其空间和时间，所谓空间指的是学校、家庭和社会环境要有利于“好奇心”与兴趣的连接。有允许质疑的学校，就会有大胆探索的学生；有不断探索的父母，一定会有充满好奇的孩子。所谓时间指的是要为“好奇心”的施展留出余地，而不是用各种技艺、特长班填满。兴趣的培养与环境的影响密切相关，“好奇心”是兴趣的天然养分，兴趣又是探究的阀门。只要有时间和空间保障，“好奇心”就会一次次地叩击兴趣的大门，孩子们对知识的渴求就会生成源源不竭的动力。不同的孩子会有不同的兴趣，但绝不会因为压力大而“厌学”。

任务之三，启迪方法和智慧，构建自我求知模式。

智力只有转变为智慧才能为自我学习、独立生存、健康发展和探索创新奠定扎实基础，而实现转变既需要思想，也需要方法。所以，丰富思想、挖掘方法就成为孩子智力爆发阶段的重要使命。

小学教育的重要目标是完成从智商到智慧的转变，无论其智商高低都必须重视这一转变，否则高智商会成为“聪明的笨蛋”，低智商会更加不聪明。在小学期间单纯地追求分数，强调双百是低水平的，也是非常不明智的，对于孩子智力和心力发展的负面影响是非常可怕的。100分就是完美，一次两次完美，一段时间完美，一个方面两个方面完美是可以做到，但始终保持完美，就必然要挤占满足“好奇心”的时间和空间，当然也会早早耗尽自身能量，同时，也必然一次次消磨探索欲望和求知兴趣。有一则幽默故事。一个孩子的期末成绩单出来了：地理51分、历史52分、英语53分，父母责问，孩子的理由是，地理考得不好是因为许多地方没去过，历史考得不好是因为自己生得太晚，英语考得不好是因为没有生活在英语国家。这当然是荒唐的，他混淆了人们获取知识的两条途径，不懂得人们的大部分知识是通过间接途径获取的，但却充分说明了感知世界的重要性，早年的直接感知是未来间接认知的基础。

在当代，知识俯拾即是，每个人都有获得它的机会，而智慧只属于智者，方法只属于有心人。中国古代关于老师的任务说：传道授业，授之以渔。在知识爆炸、网络发达的今天更有意义，因为知识到处都有，即使书本知识也不只是学校才能找到，学校的任务不能再停留在传授知识上，而应当以传授方法、启迪智慧为主，这种转变越早越好。

怎样启迪智慧呢？及早掌握探索世界的方法应当放在首位。17世纪英国哲学家托马斯·霍布斯在谈哲学和智慧时说：“从一定程度上说，方法就是智慧，而在哲学里，方法是根据结果的已知原因来发现结果，或者根据原因的已知结果来发现原因时采取的最便捷的道路。”“我们用来发现事物原因的方法除了分析方法和综合方法外没有别的。”这就是说，世界上没有无因之果，也没有无果之因，看到或想到任何一个现象，往后可以推测到其结果，往前可以追溯到原因，该现象是前一现象的原因，也是后一现象的结果。探求因果的方法，并不是多么复杂的系统，小学生都能够自如掌握。而一旦掌握，其智商就开始转变上升并启动智慧。

低年级阶段的主要任务还是教会儿童学习。怎样就算教会孩子学习呢，当然不只是会记忆那么简单，但也不像人们想的那么难。苏霍姆林斯基说："教师把事先准备好的种种原理、结论和推理一股脑儿塞进儿童的脑子，往往不让儿童有可能哪怕接触一下思维和活的言语的源泉，这就捆住了他们的幻想、想象力和创造力的翅膀。孩子时常由富有朝气的、积极的、活跃的人变成了仿佛专门用于背诵的机器。"这只是会记忆，并不是真正的会学习。对学习来说，最为重要的是养成探索奥秘、寻求规律的习惯，这种习惯是智商变成智慧的桥梁，与此相协调、适合自己特点的思考问题的方式（思维方式）就是通过桥梁的载体，一次次地走过这座桥梁，势必形成个性化的求知模式，也势必一次次地撞击创新、创造的大门。而个性化的求知模式就是自主学习的内核。

寻求规律的第一步是观察；第二步是判断描述；第三步是分析归纳。江苏卫视有两个好栏目《非诚勿扰》和《最强大脑》，我敢肯定看《非诚勿扰》的人远比看《最强大脑》的人多，其实对于家长来说，《最强大脑》要有价值得多，乍一看是在显示人的记忆能力，其实是考察人的智慧的，其中的每个竞赛项目表面看是看记忆力的，实则是看把握规律能力的，无论是寻找隐藏的质数、隐藏的密码、对应的语言碎片，还是对应的手雷拉环，在海量信息中离开了寻找规律是根本不可能的，更让人佩服的是这些超强的大脑，都是靠寻找规律完成，而且都是寻找适合自己的规律，这就是方法，这就是智慧。

在小学期间争双百，守双百，对孩子来说是非常艰难的，对孩子健康成长的影响也是巨大的。因为既不容易做到，也不利于孩子的全面成长和可持续发展。为了维持双百，孩子及父母用尽其心力、体力，不仅放弃了孩子童年的正常乐趣，也放弃了对两门课以外的世界的探求。有许多孩子在小学一直是双百，而到中学迅速滑坡，原因有两点：一是在中学门门课一百难以做到，中学的一百与小学的一百质量要求完全不同；二是不再有由于双百获得学校和家长给予的表扬和欣赏，而他或她除了双百一无所有。

人最在乎的是亲近人的感受，孩子也是一样，在中国不少孩子有考场恐惧症，有的平时成绩很好，一考试就出问题。一考好，家里人就表扬；一考砸，家里人就沮丧。这种情绪反应每每会传递给孩子。一遇考试家长万分重视，孩子就会如临大敌。表面上看孩子是肩负着亲人的期望进考场的，从某种角度上不如说是背负着亲人的情感包袱进考场的。这就如同许多人赛跑，有的人轻装上阵，有的人扛着麻袋上阵，胜负在赛前已经分出。有一个对学生的调查，题目为：“假如考试成绩不理想，你在意谁的感受，或者说谁最在意。”83% 的孩子选择了父母、亲朋。有些大人在孩子考试时就喜欢在考场外等候，有时不止一个，甚至来七八个。事实上来的人越多，压力越多；关注的越多，包袱就越大。

孩子的学习相当于在为自己以后的事业和生活打地基，小学是孩子学习过程的筑基阶段，地基的宽度和厚度，比高度更为重要。在这个阶段确保双百，相当于两个支柱打地基，两根支柱支撑的大厦盖不了多高，这就是为什么许多孩子在小学成绩优异，到了中学就难以发展。而有些孩子在小学虽然成绩一般，但却涉猎广泛，没有双百，却有许多 85 分，在有些孩子及家长守着双百沾沾自喜时，这些孩子一只眼睛看着 85 分，另一只眼睛却看着五彩缤纷的世界，他们可能学习了许多自然和社会知识，包括生存能力，可以说这些孩子得到了许多 85 分，他们在小学建造的房子的相对高度不高，地基却非常宽厚，他们已经为自己的摩天大厦奠定了坚实基础。到了初中，这些 85 分都在发挥作用，所以能快速提升。因此，在小学时，笔者反复告诫笔者的儿子，不要两只眼睛死盯双百。

小学教育的任务是启迪智慧，而不是灌输知识。因此，小学期间的双百相对于掌握学习规律、探索适合自己的求知方法、广泛地感知世界来说并非重要，也并非必需。正是在这个意义上，笔者反复告诫自己的儿子，在小学期间，85 分大于 100 分的情况常有，有的孩子考试得了 85 分，但是用自己的方法，在掌握规律的前提下获得的，何况正因为拥有了规律和方法，可以进入自己求知的轨道，可能获得的不只是两个 85 分，而是 10 个 8 个 85 分。如此宽厚的地基与两根支柱做地基，哪一座房子盖得更高自然不言而喻。笔者曾在许多场合讲过，在小学期间双百就其本身而言是无意义的，相反对于创双百和守双百者来说，是困扰前进和创造的樊篱，80 分大于 100 分在方法科学、兴趣广泛、自主学习和生活的情况下绝对成立。富于创造性探索精神、善于探索的孩子会有许多 85 分，但少有 100 分。因为创新是要冒风险的，创新的探索不可能完美。

1934 年的《淮安新安小学第六年计划大纲》在网上走红，最引人注目的不是得高分，而是生活的基本要求和观察动植物及天空等周边环境。我理解这是一个建立在生存基础上的，培养兴趣、养成习惯、启发探索愿望和动力的过程。科学家的理想信念大多发源于此。当时的校长是汪达之，他是陶行知的学生，而陶行知正是美国著名教育学家、哲学家杜威的学生，深受杜威“生活即教育”理念的影响。

以数实物个数来教孩子数数，不是聪明的做法。因为实物与概念之间的关系是怎样的，那是哲学家考虑的问题，而恰恰是这种祖祖辈辈使用的教学方法，大大泯灭了人的数学才能。实际上，让孩子以实物类比数学符号，要比直接弄清楚 0—9 的大小及倍数的含义要复杂得多，这就是知识和智慧的差别。笔者曾经在儿子 5 岁半时做了试验，经过一周时间的训练，他能在 1 秒钟内说出千位数加减的得数。有天赋是可能的，但能做这样计算的孩子很多，就证明这不一定是天才的证明，但一定是智慧方法的证明。笔者做的事情并不高难，只是从认识 0—9 及相互关系，到什么是十位数、百位数、千位数，再到写出百数符号方阵，最后是寻找方阵中的种种规律。再比如小学的平面几何，让孩子学会并背熟那几个公式就算掌握了有关平面几何的知识，而弄懂平面图形之间的区别和联系、共同点和不同点才是掌握了方法，运用知识叫搬用，运用方法就叫智慧。

在从幼儿到学生的转变过程中，方法显得非常重要，包括获得知识的方法、思考问题的方法、探索未知的方法。学习不讲方法如同做事不讲究策略，在小学期间这些远比知识的传授及分数重要百倍。被动地学习与主动地学习不同，死板地学习与智慧地学习不同，这种不同直接把人分为知识型人才与智慧型人才。科学研究揭示的有关人脑的生理机制、心理发展、记忆规律等是探求学习方法的基础。学习与实践相结合是最靠谱的方法，学习历史的最好方法是讲述有关时间、地点、人物、事件等要素的故事，学习地理最好的方法是站在地图前面或游历；学习数学、物理的最好办法是了解数学、物理与生产生活的关系并在生活中验证；学习语言的最好方法是语言符号的意义及由此表达的现实情景。所以笔者总是反复强调学习的基本方法是眼到、心到、嘴到、手到。同时，积极自我实践和与同学间相互帮助的“实践活动”，往往是强化学习内容、发现学习差距的有效途径。

在学习方法问题上人们总是迷失在事物的假象之中，宁愿相信各种艰深复杂的谬误，到处去收集各种所谓超级方法，却不愿运用简单的常识，而这些简单的常识背后却是强大无比的真理。别人的学习方法既可能适合自己，也可能不适合，不要学别人的，如果非要学，那请你也把别人的借过来并进行自我改造，这样你就变得有自我风格，有独特性，你就会发现你的价值，有效的学习过程应当同时是自我加工和改造的过程，这样的学习才是拥有。将学到的东西自我加工，并以自己的表述方式加以梳理，你将变得博学多才，而且你的记忆效率也会显著提高。

任务之四，重视思辨的培养，进行简单逻辑训练，提升观察问题和分析问题的能力，在智商和智慧之间搭建桥梁。

对于大多数孩子来说，真正地寻找事物的规律是 12 岁以后的事，但小学高年级已经开始萌芽，而引导孩子思辨和逻辑训练却可以更早，有些孩子甚至在 6 岁前就可以胜任。引导孩子寻找现象的原因和结果，可以使孩子自己学会建立知识链条，引导孩子寻找现象的共同点和互相联系，可以使孩子学会建立自己的知识体系或培育自己的知识系统树。而这已经不是单纯地增长知识，而是增长智慧。我们的小学教育的一个问题就是重视分数，忽视思维能力，忽视思辨和逻辑训练。懂得了类的概念，与演绎推理只有一步之遥，懂得了寻求共同点，与归纳推理也只有半步之遥。一个人的语言只要和逻辑结合，其思维能力就将上一个台阶，它呈现给人的将是思维敏捷、思路清晰、思想独特，他可能不是高分学生，可能每每与老师冲突，与大多数所谓好孩子不同，但他却会成为“小诸葛”，每每会有惊人之举。一个独立的人格最重要的就是具备了独立思考和价值判断的能力，思考的广度决定了我们的眼界和格局，思考的深度决定了我们的真正价值。

任务之五，强化情感、意志和习惯培育，奠定优秀的非理性品格基础。

在笔者看来，保护好自我认知的过程不受错误认知及狭隘经验的认知的影响，才能建立起科学合理的自信。而建立以自信为基础的自立、自强、自控的行为特质，是童年教育的重要任务。笔者想用一个基本公式表达：自信是分母，数值是9，自立、自强、自控是分子，数值之和为9，分数比值为1，九九归一，由此引导建构起一个自主学习、生活和发展的态势。具体的内容就是，养成良好的且适合自己的学习和生活习惯，培养坚强的意志；学习人际交往，培养丰富健康的情感，搭建全面系统的家庭、学校和社会支持系统。

小学阶段最好就近上学，因为就近，孩子才能够从容应对生活，而不需要大人们的协助或替代，这将有利于孩子的独立，更重要的是给了孩子磨炼意志和养成习惯的机会。孩子小小年纪就有了自己的生活，而且能以自己的生活适应世界，用自己的眼睛观察世界，用自己的大脑思考世界，用自己的语言表达世界，即使很不成熟，也是未来自信、自立、自强的基础。

不少家庭在小学甚至幼儿园就开始给孩子择园、择校，理由是让孩子上最好的学校或幼儿园，这恰恰是孩子迟迟不能独立的重要原因。所谓择校一般不在家门口，而是要走很远，甚至城东到城西，城外到城里，全家人早起、晚归是必需的，实际上是全家在上学，而不是孩子自己在上学。

然而，从幼儿到学生，这是一个角色大转变，也是孩子脱离父母、开始独立的起点，因为长距离的路程挤掉了孩子自己起床、穿衣、吃饭、背书包、走路、乘车的时间，这些都需要大人帮助或替代，这种替代表面上看只是事务，实质上是成长本身。严格地说择校就是诸多剥夺孩子成长原因中的一个重要原因。小时剥夺孩子成长，长大后孩子就不会成长或拒绝成长，多少是由择校带来的无奈。

自主学习生活状态越早越好，如果在小学期间，没有达到自主学习生活的目标，一切依靠家长协助，到大学也会是被动学习者，这样的学习时间管理能力弱，习惯于被动学习，创新能力弱，到社会生活中，独立生存能力也较弱。

“陪读”家长之尴尬——父母比孩子更像学生

案例：

笔者的家在一所相当不错、规模也很大的小学旁边，经常看到学生上学、放学时的情景。从四面八方来学校或从学校那条路上走来的孩子们几乎都不背书包，后面跟着的大人们非常爱怜地背着本应由孩子们自己背的书包，天天如此。大部分孩子至少在四年级前从不背书包，有的甚至到小学毕业前一直如此。

点评：

学生的角色是立体的，与自己年龄相当的事必须做，要能担当得起，无论在学校、家庭还是社会，学生要有学生的担当。从上学那一天起，撒娇、撒泼、任性、懒惰，必须被坚强、礼貌、理性、勤奋取代。要让孩子懂得，学生有学生的责任，学生有学生的担当，学生有学生的理想，学生有学生的样子。

刚刚上学的孩子既是幼儿过渡到儿童的开端，也是家长给责任、学校给纪律、社会给规则的起点。要让孩子尽快建立起基本认知：学生的责任是学习，如同大人的责任是工作一样，大人要敬业、开拓，学生们要勤勉、认真。大人工作要带工具，学生学习要带文具。大人要自己提公文包，孩子们要自己背书包。大人们也许有许多替代的理由，无非是现在的书包太重了，孩子一天已经很累了，现在的孩子压力太大等，但大人们不也是要工作劳累一天吗？大人们的压力小吗？笔者觉得学生要有学生的样子，大人们不让孩子自己背书包，却希望孩子能成为好学生，这不是自相矛盾吗？一个不能背书包的学生，不可能在学习上持续上进，如同不拿公文包的大人不可能在事业上有成就。

家长对学生的基本要求应当包括按时上学、按时完成学习任务，至于学习成绩、学习效率，那主要是老师的事；家庭对孩子的教育是守家规，至于在学校是否守纪，那主要是学校的事；父母对孩子的社会角色教育是以身作则，至于社会行为如何，那是靠社会环境去造就。家长负责检查孩子的作业并签字，不只是老师失责、家长越位那么简单，实质上是扭曲了教与学的关系，教与学本是老师和孩子之间的事，教与学是一对矛盾，也是达到目标的两极，如同阴阳和谐，只有老师直面孩子的作业对错，孩子才能真正承担学习的责任；只有孩子发现作业好差只是自己与老师的事，才会重视作业。家长检查作业模糊了教与学的主体，也淡化了孩子自己的责任，是孩子学习不积极、不认真的重要原因之一。

教育学上的以孩子为中心与伦理学上的以孩子为中心的含义是不同的。在教育学上，“以孩子为中心”不是人格意义上的一切围绕孩子主观愿望转，而是成长意义上的一切围绕孩子的健康成长转。让孩子在自己的生命早期，及早独立并承担成长的义务和责任是其中应有之义。学生的身份一旦确立，就必须有学生相应的责任和担当，学生的理想要自己去实现，至少要有学生的样子。

体罚之痛——叫停“虎式”教育

案例：

温州“狼爸”体罚女儿，6 龄童跑步 6 小时夭折；新“狼爸”用烟头烫亲女手心，盛怒下打死 4 岁女儿；东莞“狼爸”喜棍棒教育，打死 4 岁女儿获刑 10 年；湖北一个研究生被“狼爸”“虎妈”逼成强迫症，等等，然而媒体报道的这些案例只是强制案例的九牛一毛。

点评：

疏导和强制是教育子女必须考虑的策略，但强制不等于“虎”，疏导不等于说“正确的废话”。

“虎”式教育的核心其实就是中国传统教育方式的单纯强制手段，学生如果不听话，面临的将是戒尺的惩罚，问题是这种现象与古代相比有过之而无不及。“虎爸”“虎妈”的教育可能成功，更可能失败。何况在成功的孩子中，如果成长期家长更好地运用了疏导和强制，而不是一味地强制，这些孩子的成就会更大，也更有借鉴意义。为此，专家们一致意见：叫停“虎”式教育。

经验就是经验，它不是真理，靠经验指导教育，总归有失偏颇。纯粹的经验往往是不可靠的，靠强制教育可能有成功的案例，但反面教训更多。“虎式”教育看似是一个新出现的名词，其实是中国传统教育中值得反思改进的所谓“精华”。近年来的影响主要来自美国一个耶鲁大学华裔教授蔡美儿教育孩子的方法的争论，这种教育方法的核心内容是严格和严酷的执行教育方法中规定的每个细节。蔡美儿给孩子规定了十不准：不准在外过夜，不准参加玩伴聚会，不准抱怨不能参加校园演出，不准看电视或玩电脑游戏，不准擅自选择自己喜欢的课外活动，不准任何一门功课的学习成绩低于“A”，不准在除体育与话剧外的其他科目拿不到第一，不准练习钢琴及小提琴以外的乐器，不准在某一天没有练习钢琴或小提琴，不准参加校园演出。这些规矩就是强制，即强迫孩子只是关注某一方面的提高，这种强迫即为“虎”式方法。经验的依据是自己或别人的做法，这种做法本身具有个性特征和或然性，并不具有逻辑必然性，这一个家庭成功了，但人们并没有充足的归纳统计结论证明其正确性，相反的案例也不在少数。

强制是教育中不可缺少的手段，但“虎”式教育远超强制，实为体罚，或生理的或心理的，或两者兼而有之。而体罚教育严格说只是体罚，但绝不是教育。真正必要的强制围绕的核心是责任、品德、习惯、意志和情感。为教育而体罚和为纠错而惩戒是完全不同的两件事，出发点和落脚点均不相同。科学强制和疏导相结合才是教育的有效策略，与这一策略配套的方法如奖励、鞭策、倾听、沟通、等待等必不可少。

奖励你要的行为，批评你反对的行为，而不是相反。对家庭教育来说，其成功的最大障碍就是我们要的行为往往与我们的行为之间有较大的距离。因此，在其现实表现与奖励之间建立正确的连带关系，是提高教育效果的要诀之一。

倾听是疏导的基础，也是重要的疏导策略，因为一个人要充分了解另一个人的真正想法，才能与之有效沟通，何况现在的孩子是用现代人的思维思考现代人的现象，有时他们的想法往往有合理之处，我们的想法甚至是完全不正确的，不要只是自己说，也听听孩子的想法，有时可能会发现非常奇妙的解决路径。如果我们的家长注意了自己嘴巴和耳朵的使用频率，让听超过说的 2 倍，也许我们的教育会更有针对性。

倾听是策略，也是能力。笔者从光明网上看到了署名周广生的文章：“从孔融让梨到孟祥让苹果”。说的是，一位年轻的妇女带着 4 岁的儿子孟祥（化名）陪着孟祥的外公一道春游。路上，孟祥口渴了，妈妈便从背包里拿出两个苹果来，要孟祥给外公一个。没想到这个 4 岁的孩子将两个苹果拿到手里后，分别咬了一口。看到儿子把两个苹果都咬了，母亲心里很不是滋味。她既担心父亲怪罪自己平时没管教好孩子，又想训斥孟祥这孩子没有礼貌，于是就用眼睛狠狠地瞪着儿子孟祥。孟祥看到妈妈这般颜色对待自己，结果把想要说的话又咽到了肚子里。可是，外公既没有怪罪女儿，也没有给外孙孟祥脸色看，而是亲切地抓住外孙子的小手，满面笑容地问他："乖孩子，告诉外公，你为什么将两个苹果都要咬一口呢?"只见孟祥毫不迟疑地对外公说："我想把最甜的一个给外公吃。"听了孟祥的回答，外公非常地高兴，而母亲也激动得眼里隐隐闪烁着泪花，既为有如此懂事的儿子自豪，又为自己刚才对孟祥的急躁情绪和行为感到羞愧。笔者听到过不少误会的事情，在成人之间有，在成人与孩子之间也有，笔者相信类似的事件大多数父母都经历过，也常常让人懊悔不已，可惜的是还有许多父母是在事后很长时间才觉察，更为可悲的是还有许多父母始终未能察觉孩子的良好愿望，并由此泯灭了孩子的善良天性。究竟为什么家长容易误会孩子的行为？也许就是成人往往用成人的思维看待孩子的行为，而成人的思维往往是公式化的，多多少少受到了狭隘经验的左右，也往往掩盖了事实的光辉。

与孩子有效沟通要做到五点：用简单的孩子语言、突出一个重点、符合现实逻辑、善用比喻和例子，直截了当。疏导对知性的孩子十分有效，而对感性的孩子效果会大打折扣，对感性的孩子使用强制似乎效果更好，但对大孩子单纯的强制会适得其反，最好是在其感性处在温和状态下进行疏导。所谓"顺毛驴"就是这个意思。尤其对处在自我定位期中的孩子，这一点更为重要。

值得注意的是，无论是老师，还是家长都知道正面引导很重要，也知道要讲究方式方法，所以会经常教育孩子"要听话""要抓紧时间""要有良好的习惯""尊敬老师、孝敬父母""一定要……"这些话总是说，往往没有效果，相反孩子们只有一个感觉，就是"唠叨"。家长们十分困惑，我说的都对，为什么孩子不听呢？其实并不是孩子不听，是因为听不到更多的新东西。有些孩子会直接说："你能说点新鲜的吗?"笔者有一次和儿子讨论这个问题，儿子说，是因为这些话都对，但过于简单，就像喊口号，而且每个人本来都知道，你说了也没用，说到底是"正确的废话"。

正确的做法是如何做，引导孩子采取正确的步骤和行动，并说明这些步骤和行动的良好结果，或者以相反的案例引证相反的结果，以反面不良后果警示引导。也就是说"理由"要作论证、说"规划"要谈步骤、说"经验"要谈感受、说"智慧"要给方法、说"案例"要溯因果、说"成绩"要指不足。

比如关于孩子进网吧、抽烟以及其他不良社会行为，都可以反面例子加以警示。比如以《红蜘蛛》电视剧的情节，引导孩子远离毒品；以失去自由的沉重代价，引导孩子远离网吧。

撒谎之辨——对孩子假话的过度反应

案例：

曾参是孔子的学生，他在教育子女时，不仅严格要求孩子，自己也是以身作则。有一天，曾参的妻子要外出办事。在一旁玩耍的儿子，赶忙跑上前去，扯着母亲的衣襟，又哭又闹，吵着也要去。曾参的妻子怕年幼的儿子走不动路，不愿意带他。可是又被儿子缠得没有办法，只好哄孩子说："好孩子，你还小，留在家里好好听话。等我回来，我把咱家那头肥猪杀了给你吃。"儿子一听止住了哭声，眨了眨眼睛，认真地问："是真的吗？"母亲只得又点了点头。儿子的脸上露出了微笑，蹦跳着跑到一边玩去了。这一切，都被站在旁边的曾参看在眼里了。曾参的妻子从街上回到家里，就看到曾参在准备杀猪。妻子一见慌了，急忙上前拉住曾参，着急地说："你这是疯了，我刚才是被儿子缠得没有办法了，才故意哄哄他，只不过是说着玩的，你怎么当起真来了？"曾参严肃地说："你做母亲的，不能欺骗孩子。小孩子啥也不懂，只会学着父母的样子，听从父母的训教。今天，你说了不算，答应孩子的事不去做，哄骗了孩子，就是教孩子也去讲假话，去欺骗人。做母亲的欺骗儿子，儿子觉得母亲的话不可信，以后即使再对他进行教育，他也难以相信母亲的话了。这样做，怎能把孩子教育好呢？”妻子听了点点头，跟丈夫一起给儿子杀猪去了。

点评：

孩子早年的“假话”与“撒谎”不是一回事，简单粗暴地对待往往容易导致孩子真正开始“撒谎”。

有些孩子总是说“假话”，大人往往感到束手无策。然而自己说话经常闪烁其词，没有几句真话，却未予以足够警觉。更为重要的是，孩子的假话似乎都被冠以“撒谎”，这是一个少有人发现的“谬误”，也是人们在教育过程中难以应对的困惑，孩子的假话不一定是“撒谎”，孩子们编造了事实上不存在的事物，只是为了达到一个小小的功利目的，尤其是5岁前还没有确立道德观念的情况下，戴上一个明显具有道德意义的帽子是不科学的。对于成人的假话，假的就是假的，伪装应当剥去。但对孩子的假话却要具体情况具体分析。

值得充分注意的是，基于“自我中心”满足基础上的虚构情节、基于“事实”观察不准确基础上的所谓“假话”与基于“道德”选择意义上的谎言，性质上是完全不同的，应对的策略也应当有所不同，问题是我们的家长甚至学校的老师往往不加区别。一个心理学的常识是，就人的心理、人格发生和发展规律来看，3—5岁是行为模式和道德模式构建期，通常6岁才进入道德他律阶段，而“谎言”只与道德有关。也就是说，6岁前的孩子说的话谈不上是否“撒谎”，只与“自我中心”意识的满足和“事实”判断正误有关。6岁前的孩子为了得到想要的，为了做想做的事，幼稚的虚构或“编造”，不能从道德意义上判断，也不能从真理角度分析，原因很简单，因为他们是“幼儿”。

即使是对6岁后儿童的第一次“撒谎”，也要科学对待，孩子的第一个谎言，一般不看作是“撒谎”，因为其目的性较为单纯，可能是想做成一件事，这件事还可能是好事，至少家长认为是好事，或者是为了避免批评。问题是只要涉及假、虚、伪都将被斥之“撒谎”，这种过度表达，让孩子们感受到大人的“戒心”，也让孩子背上了莫名的“负罪感”，这种“负罪感”在大人的“戒心”面前，并不能使孩子杜绝“谎言”，反而容易诱发更多的“谎言”。对于心智不完全成熟的孩子来说，为了规避大人的不当“戒心”恰恰会隐藏和回避，隐藏和回避的办法就是“撒谎”，持续不断地隐藏和回避，结果就是不断“撒谎”。

孩子的一言一行，一举一动都会向父母学习。做父母的如果欺骗孩子，孩子就会认为人是可以欺骗的。同时，做父母的如果欺骗孩子，就会在孩子心目中失去威信，孩子对父母的话也就听不进去了。曾参杀猪取信于子的故事就是最好的例子。这个故事对于今天的家长，也同样是个有益的启示，家长这样应付的不在少数，但很少有人想到，孩子的“撒谎”习惯就是自己无意中培养的。

要让孩子明白，经常撒谎的孩子不可能有阳光心态，要想快乐地生活，就要坦诚、直接地表达自己的愿望，甚至这个愿望可能是不好的。最新心理研究表明，经过一定的指导和训练，可以完善欺骗的艺术。尽管谎言有可塑性，但谎言终究会有被戳穿的一天，何况为了掩盖一个谎言，往往需要一连串的谎言来铺垫，整天花费大量时间去编造谎言，不仅会有很大的心理负担，而且也会耽误大量的时间，同时，大脑中有两个互相矛盾的回答在抗争，并且大脑在努力抑制真话，然而抑制的过程是痛苦的，会成为学习和生活中沉重的心理负担，也许从此再也不能心安理得啦。

对于成年人来说，只要有一点良知，一旦撒了谎，自己就处在焦虑、担忧甚至恐惧之中。《认知科学》主编马克曼博士认为，大脑意识到谎言会让人陷入危机，会感受肾上腺素激升的不良滋味，激素在大脑里不断循环，妨碍头脑清醒，削弱免疫系统，甚至导致失眠与焦虑疾病。在日常生活中撒谎眼不眨、心不跳的人是极少数，成年人经常说假话往往与其早年的生活环境及当时的成年人对其最初说假话问题的处理不当有关。孩子爱撒谎与家长自身的行为表率、对待谎言的态度、同伴交往得失的认识引导有密切关系。

孩子行为暴力之谜——儿童书画影视作品的副作用

案例：

2013 年 4 月 6 日，江苏东海县 3 名儿童因模仿《喜羊羊与灰太狼》中的剧情，玩起了“绑架烤羊”游戏，导致两名儿童严重烧伤。据统计，在动画片《喜羊羊与灰太狼》全集中，灰太狼被平底锅砸过 9544 次，被抓过 1380 次，喜羊羊被煮过 839 次，被电过 1755 次，这样的情节是在引导什么呢？

点评：

引导孩子多读书、多看儿童影视作品是家庭和学校的普遍选择，但让孩子看什么电视节目、读什么书却是家长和老师必须认真思考解决的问题。在儿童读物的发展方向不正确、内容不健康的情况下，单纯让孩子多读书，恰恰是让孩子多中毒，在漫长的假期中越是爱读书的孩子越容易成为牺牲品，这对家长来说是可悲的，一个假期下来，发现孩子突然变得不认识了。所以坚持正确的方向，国家有关部门有责任，审核的部门和专家应当给予明确警示，家庭和学校都要认真对待。

不少教育专家呼吁，对以儿童读物名义出版销售的书籍要提高警惕，因为它们当中充斥着大量暴力、仇恨、变态、色情的内容。比如《一只丑小鸭的悲剧》《没有牙的老虎》《令人战栗的格林童话》等，然而这些家长却很难鉴别。

有调查显示，许多所谓健康的儿童读物缺乏创意、内容陈旧，表达极具低龄化和简单化，过去一些优秀的动画片如《神笔马良》《聪明一休》《司马光砸缸》《曹冲称象》等却不见踪影。

神经心理学的研究表明，人类的大脑中存在专门用于模仿的神经结构，这些神经结构有助于幼儿通过观察模仿，快速掌握基本的社会行为。学龄前儿童是极佳的模仿者，电视剧上鲜明有趣的人物动作会迅速吸引儿童，尤其是暴力行为。

美国“国家电视暴力研究”项目的结论表明：对于儿童而言，动画片中有五大高风险的暴力表现，分别是：①施暴者被描绘得很有魅力；②暴力显得很司法公正；③暴力得不到惩处；④受害者若无其事；⑤暴力十分现实，并不遥远。日本动画片是分等级的，而在中国却一概不论。7 岁前的儿童往往难以区分动画片中超越现实的“暴力幻想”，且仍处在模仿阶段。不同的影视作品是应当分等级的，3 岁前、7 岁前、12 岁前，18 岁前都应当有所限制。

在欧美发达国家和地区，“儿童色情制品”是高压线，制作贩卖儿童色情制品会获重罪。如果情节恶劣，最高可判 400—500 年。在中国，由于法律缺位，持有儿童色情制品，并在亲友中传看不违法，儿童色情制品成肆虐之势。色情、恐怖、杀戮、仇恨等内容的书刊、游戏、图片、网络产品比比皆是。新华书店、学校门口，遍布大街小巷的报摊上摆放的少儿甚至低幼图书，给孩子提供着低俗甚至高毒的所谓“精神食粮”。

更值得警惕的是，关于带有杀戮、仇杀、恐怖等内容的电子产品，许多国家不允许本国小朋友玩，称主要用于出口，显然，这是别有用心的文化渗透，企图影响别国下一代的世界观、价值观和人生观。

慎重选择孩子的课外读物应当是父母的重要任务之一，远胜过一味地关注孩子的分数。要对孩子看的和玩的东西用心鉴别，确保孩子纯净的心灵不受到污染。要鼓励在扩大孩子认知面的同时，确保孩子们看到的是健康的，学到的是积极的。

应当说孩子读什么书，看什么电视，家长和学校都有责任也有能力加以引导。目前城市中的年轻父母基本都是大专以上文化，应当有一定的鉴别能力。老师不仅有水平，也有职业责任，引导学生读健康书籍应当成为老师职业道德的基本要求，更要成为家长的使命。

追求“成功”之误——成功未必有成就

案例：

2012 年 KATER JAPAN 调研机构做了一个金钱与幸福关联度的调查，发现整个欧洲认为幸福与金钱直接挂钩的未超过 40%，而日本、俄罗斯均超过 50%，日本是 65%，中国则高达 70%。这是一个严重问题，说明整个社会都在追逐金钱，自然整个社会也在追逐分数。当然，结果会事与愿违。 事实上把分数放在第一位，是畸形的进步观；把金钱放在第一位，是畸形的幸福观；把地位放在第一位，是畸形的价值观。

点评：

对“成功”的形而上学理解，直接导致了简单化、单一化追求，而正是这种单一倾向让子女教育陷入“困境”。追求分数，使多少孩子失去自我，追求金钱和地位，使多少夫妻形同陌路。事实上，成功与成就是两回事，实现了自己的目标，达到了自己的目的，甚至做成了一件小事，都叫成功，但却不能叫有成就；有金钱有官位都叫成功，但也不一定有成就。有一条标准是不言而喻的，只有那些离开自己的岗位，他做过的工作仍然对事物的发展发挥着作用，或他的金钱为社会不只是为个人和家族创造了新的价值，人们仍然能靠他的创造和贡献继续新的事业，才能说有成就。

个人的所谓成功不一定具有社会价值，甚至可能具有反社会价值。

成功和幸福这样的概念都与价值和价值观相关，我们通常说一件事有无价值，往往说的是功用，仅与功利、实用、有用必然联系，而价值观却是主观的，是对事物的主观评价和感受，正是从这个意义上说，成功和幸福都是一种主观感受。所谓社会认同，是大多数人共同的感受，这种共同的感受就是大家共同的价值观，在一定程度上说是社会价值取向。

成功之路千万条，偏偏都上独木桥。源于汉代，始于隋朝的科举选官制绵延存在了1300多年，到光绪三十一年（1905）正式废除，但官本位的传统观念依然根深蒂固，在大多数人眼里考取大学仍然是追求所谓“成功”的唯一路径。于是几家欢乐几家愁，年年高考都上演着人间一幕幕悲喜剧。

对中国男人来说，妻子贤惠，子女出息就是成功；对中国女人来说，丈夫有地位，孩子有出息，就是成功。这本身并没有问题，问题在于什么叫有出息，什么叫有地位。

长期以来，中国社会有个通病，就是希望每个人按照一个模式发展。衡量一个人成功与否，采用的是一元化的标准，在学校看成绩，在社会上看名利。父母的成功观不正确，对孩子的成长会有基础性的损害。其实真正的成功是多元化的。家庭和睦，本来就是成功和幸福的，但有些父母总以为有钱、有权才算成功，把自己的成功寄托于子女。在孩子学生时代，以为100分才是成功，就业以后以为“成名成家”才叫成功。

如果把完美主义与成功挂起钩来，事情将更为扭曲。完美主义和理想化与心智不成熟都会给自己带来伤害。因为完美主义和理想化会时刻委屈自己，甚至伤害自己，这样的人经常会被事态的发展困扰，甚至会让自己常常处在自责状态或两难境地，因为世界上本无完美之事，抱着完美主义观念的人，对自己一次次的成功会视而不见。事实上，每个人都可能成功，每个人都拥有幸福，幸福和快乐就在你我身边。幸福的感觉不是由处境和外在的条件决定的，关键在于我们会不会知足、懂不懂得自我心灵满足，有没有感恩的心。

人的价值观直接影响对成功的看法，所谓价值是主体对事物的看法，以主体为参照系，价值分为社会价值、群体价值和个体价值。在一定情况下，有无意义与有无价值相同，而有无意义及价值却与一个人的价值观直接相关，价值观的核心架构是价值坐标和趋向，对一个价值坐标偏自我的人来说非常有意义和价值的事情，在一个价值坐标偏社会的人不见得有多大意义；对一个只看眼前有利的人有意义的事，对一个用发展的眼光看问题的人来说一文不值。由于种种原因，有的家长往往丢本求末，看不到事物的真正价值和意义。

只有你取得的成绩具有社会价值，是为社会作出的贡献才是真正的成功。外化的房子、车子、位子并不能证明其社会价值，成功的尺度不是得到的多少，而是贡献的多少。因为得到多的人不等于贡献大，地位高不等于社会价值高。一个人的成就在于小到为家庭、大到为国家乃至为人类社会作出的贡献，并同时获得的社会地位，而非自己获得了多少利益，也就是说成就的指标是“出”而非“入”。

世界观既是最为宏观的，也是最基本的，在正确的世界观确立之后，人生观、价值观、幸福观等第二层级的问题也需要科学确立。更为具体的观念是“成功观”等，这是第三层级的观念，但如果这个观念不正确，前面两个层级都将显得空玄。

家长应当关注的不是孩子的大成就，而是每天的小进步和可持续发展，至于大成就完全取决于孩子自身的潜质和自主努力。只要是发自内心的，就不会有大的压力，在没有压力的情况下，才华和潜质才能得到有效发挥。成功是需要积累的，一个一个的小进步积累起来就是大成功。每天都在积累进步，必将成就大事业。有的人总是积累成功，而忽略挫折，这样的人一生乐观；有的人总是积累失败，而忽略成绩，这样的人一生悲观。

获得成功与获得金钱不能同日而语，没有钱不能生活，但钱多了未必能很好地生活，历史上有许许多多杰出人物一生并不富有，但却得到了全世界的敬仰。毛泽东、朱德、周恩来作为中国人民的领袖人物都一生简朴，即使在当时也有相当数量的中国人比他们生活得殷实，但不可能比他们更有成就。

“逆反”之主观——成长过程的必然

案例：

月馨（化名）今年13岁，初中一年级，从幼儿园到小学六年级，一直很听话，学校老师表扬无数，父母也是见人就夸。可是刚上初中就出问题了，再也不听话了，大人看来明明是错的，可就是不听劝。原来的父母子女关系好像再也找不回来了。母亲忍不住了，多次找心理咨询师，说孩子开始逆反了，想知道应该怎么办。

点评：

这样的案例很多很多，大家异口同声，“孩子开始逆反了”。然而“逆反”却是成年人的一种主观偏见。大多数情况下是孩子不仅有了独立思考的能力，而且有了独立行为的能力，由于快速成长，孩子们不再愿意按照大人的要求学习和生活了。但他们的思想和行为都还不成熟，到成熟需要一个过程，冲突均来自大人们看不到这个过程对于一个人成长的意义，不允许孩子们不成熟，总是想拔苗助长。

对于这个阶段，中外不同的文化背景下有不同的说法，反映的是不同的倾向性，导引的是不同的处理方法。在日本叫作“中二现象”，在西方叫“独立反抗期”和“青春困惑期”，我们叫“逆反期”。相较而言，欧美的说法相对客观，没有否定意味，而我们的说法定性明确，否定意味十分明显，相对较为主观。

7这个数字对人的一生有着非凡的意义，7和7的倍数对应的人生阶段，往往是人成长水平的分水岭。中国人说的“3岁看大”指的是道德品质，“7岁看老”指的是行为习惯，“14岁看一生”指的是自我定位，“21岁看发展”指的是事业前景。事实上，我们通常所说的“逆反”期正好是人成长的第二个7年，是人成长过程中寻求自我的开端，客观的描述式的说法更为科学。

有人认为逆反是现代社会科技化进程加快的副作用体现，笔者认为不是，无论在任何社会，对于从少年到青年过渡的人来说这都是必经阶段。我们每个人只要回顾一下自己的成长史，都能回忆到自己曾经的不成熟与幼稚，有一部小说，叫作《少年维特之烦恼》似乎更加充分地证明了这一点。过快的生活节奏、过大的学习压力、与过于简单的生活不相称的丰富的信息及思想、过于个体化的“城市住宅”或“乡村留守”，只是加重了这个阶段的个体表现。

笔者更愿意称这一阶段为“自我定位期”，最大的特点是孩子们在寻求自己的现在定位和未来定位，如果说3岁看的是道德模式，7岁看的是行为模式的话，14岁看的是思维模式，而思维模式对一个人的世界观、人生观、价值观及幸福观、社交观、家庭观至关重要，这一时期的所思、所想、所做将对其一生产生重大影响，这一阶段是孩子发展的第二个关键期。

事实上，所谓“逆反”只不过是自我意识第二次觉醒的正常表现，是“轻狂”少年心理和意识脱离成年人管控的必经过程，用成年人的思想和经验强制管理适得其反，留出时间、放开空间让孩子自己寻求自己的定位是明智之举。当然确实有“逆反成病”或出现“中二病”的现象，原因多为自我意识的压抑或者得不到合理的疏导，表现多为傲骄的行为，少有社会行为失范和恋爱行为越界等，这种行为多为对于自己和世界的不清晰认识，类似初生牛犊不怕虎，学校家庭过于干涉起到推波助澜作用。

大部分孩子的自我定位，会受到来自家庭、学校和社会的干扰，大部分孩子最终是屈从了社会大众的观点，放弃了自己，成了家庭和学校都放心的所谓“正常”孩子，笔者理解为随大溜，大家都这样，找到的是社会、学校和家庭都认可的“社会自我”，而不是真正的“自我”。他们都能基本正常地生活和学习，但他们都很平常。有极个别的孩子的思想和行为能得到家长或某一位老师的理解，孩子的理想、孩子的梦想能够得到支持，或者始终坚守着自己的探索，这些孩子可能真正地找到自己的合适定位，并由此爆发出自主、自发发展自我的兴趣和动力，不少优秀孩子的真正起点恰恰是在这个时候，这些孩子前途不可限量。

从孩子成长的角度上说，撇开个性化，这一时期孩子的表现共同特征是成长与社会的冲突，在老师、家长看来是“逆反”，从孩子自身看是成长使他们思考了许多过去没有思考过的问题，一改过去听家长的、听老师的习惯，尝试着重新观察和思考身边的人和事，思考自己的梦想和爱好，思考自己的方向和目标，尤其是思考自己日常行为的价值和意义。

这个阶段是孩子自我意识形成的关键时期，也是小小少年转变成大人的过渡关键期，孩子们会在这个阶段快速寻求自己的定位，建立自己的自我意识，在理想和现实的冲突中，寻求社会角色认同，寻求建立自我统一性。这个阶段，如果能够有效地反思生活和学习目的、目标，未来才能更加才华横溢，相反，这一阶段被动消极，唯老师命是从，每每等待父母安排、按部就班的孩子有大出息者鲜见。

其实大多数人在这个阶段都有这种意识和行为，寻求自我或“自我觉知”是从这时开始的。没有人想成为别人的复制品，所不同的是，现今的生活是个鼓励个性的社会，使这种现象更加备受关注。值得注意的是，大部分人自我意识难以突破传统束缚，慢慢地变成了上一代人的影子或别人的翻版，只有少数人活成了他自己。真的优秀、特别、成为自己的人只是极少数，原因就是大多数孩子无意识或有意识地为了让成人认可，而放弃了自己批判的头脑。

“中二现象”“逆反现象”每个人都会经历，生“中二病”却是不正常的。在这个阶段的确极少数孩子没有成为别人，也没有成为自己，而是失去了“自我”。这些人的表现可真的称为逆反，而且是逆反成病。这些孩子思想狭隘、极端，行为荒诞、怪异，反家庭、反学校、反社会行为明显，成为名副其实的“不良少年”。他们在“自我定位期”“成长爆发期”“青春恋爱期”丢失了自己。

逆反成病原因很多，大致有四个方面：

一是家庭的不良期待。在我国养儿防老只是最低要求，光宗耀祖才是最主要期望。因此，在大部分家庭中教育大多都是长辈说、晚辈听的状态，晚辈的自我意识被压抑。而且长辈的自我认知不一定就是正确的，即使正确，水平也不高，如果是扭曲的，结果会更加糟糕。许多家长认为孩子是我生的，我有权按照我的想法教育，于是会把自己的理想强加给孩子，尤其让孩子完成自己的未竟使命，总是企图控制孩子的行为，通过孩子的表现来满足虚荣而又自卑的“自我”。孩子考差了，说孩子不争气；孩子考好了，全靠我教得好。大部分中国孩子或多或少地都受到这种教育，而这种成长经历给人带来了更多的自我缺失，甚至为心理健康埋下了恶果。

二是学校的不科学教育。学校的大班制，不利于青春期孩子的教育，这个时期的孩子需要耐心细致的引导和针对性教育，而大班制却不允许学校和老师有更多的时间用于个性化的疏导。青春期孩子的特点与学校的统一要求往往有诸多冲突，这些冲突孩子自己无法消解，也得不到老师的及时指导，反而会受到学校和老师的批评和指责，甚至有些批评与孩子这个时期的特点直接冲突。

三是社会环境的不利影响。目前经济和社会的快速发展，倡导个性与创新，大多追求新奇、鼓励个性，但却没有给出适合个性生长的环境。财富的变化和贫富悬殊加剧，让人变得不关注真正的内涵，更注重外表。科技变化让大家更少注重真正的沟通，所谓的在网上戴着面具展现自我不过是弥补缺失的另外一个表现而已，这种缺失是填不满的，不但越陷越深，还让人迷失自己。另外，网络的进步给人更多幻想，我们上网可以轻松地找到很多奢侈品，但是这不代表我们能真正地理解和拥有这些奢侈品。

四是自我修养滞后于生理、心理变化。人贵自度，道贵自悟。科技和环境的进步本应当让人更容易成长进步，却更容易使人眼花缭乱，从而变得浮躁不安，不少人已经学会了奢华，却不会深入地思考和学习，更别说领悟了。然而，假如在读书与思考方面有差距，青春期将更加无所适从。由于悟性太差不能真正地理解这个社会给予自己的反馈，加重了自我感觉的失误。有些孩子不能正视别人对于自己的评价，甚至直接变为攻击行为。

青春期前，父母和老师帮助孩子们选择，孩子们往往对父母和老师深信不疑；进入青春期后，自我意识觉醒，会尝试着在多重关系和多种影响中作出自己的探索，这是一个充满困惑、挑战的过程，这一过程对人的一生影响重大。因此自我身份定位是青春期最重要的任务。假如不能很好地确立自我认同感，会有三个严重后果，也就是不少家长感到困惑和无助的状况。

一是人际关系的混乱。不能让别人喜欢自己，也不能很好地去喜欢别人，不自信不融入，也不欣赏和接纳别人，要么过度依赖，要么过度疏远，总体感到无法判断自己的角色。

二是目标方向上的困惑与彷徨。无法确定自己应当做什么，能够做什么，在学校经常会半途而废却总能找到种种理由，因此，热衷游戏，甚至放弃努力，这种人走上社会经常会抱怨自己生不逢时，可能走上一条郁郁不得志的道路。

三是观念系统混乱多变。不愿意接受科学和理性的教诲，容易受世俗文化的影响，心灵没有着落，道德没有底线，随波逐流，甚至走向犯罪的深渊。

这个阶段的孩子一般有两种应对生活和学习的方式：一种是刻意保护自己的形象，寻求自我个性。这种孩子常常希望得到别人的肯定，尤其自己认为独到的想法和做法，不同场合、不同时期的夸奖和肯定是最有效的工具，即使批评也要在先肯定之后，最好变成“鞭策”，这样才有可能帮助孩子自主独立、形成独特的自我意识；另一种是极力在别人身上找到安慰，寻求偶像崇拜。这种心理和上面提到的希望别人夸奖自己的心理有所不同，区别在于能不能成为偶像或超过偶像。比如说，别人夸我们善良有孝心，我们是可以做到的，但是我们自己想成为自己心目中偶像的样子，却很难。崇拜张学友和能不能成为张学友是两码事，而且就算非常崇拜也不见得能成为。那些成熟而理性的人是没有偶像的或者说自己就是自己的偶像。相反那些心理不成熟或者自己生活不尽如人意的人会无意识地通过偶像心理来安慰自己，这种孩子要么成为非常普通的人，与我们先辈们没有两样，要么会在前进的道路上迷失方向，找不到自己，一旦发现希望破灭，会失去生活的动力。

有一句话极为形象地描绘了这一时期孩子们的状态：“迷茫才是青春应有的样子。”我是谁，别人怎样看我，我要去哪里，我能做什么，我要怎样做才行？这是迷茫的集中反映。从人格发展角度说，这一连串的问题就是“自我认同感”的问题，一般在青春期集中爆发，事关一生发展的高度和顺利程度。按照情绪心理疗法创始人埃里克森的说法，自我认同是“一种熟悉自身的感觉，一种了解个人未来目标的感觉，一种从他依赖的人们中获得所期待、认可的内在自信”。因此，这一时期又称“自我定位期”。

心理咨询师黄小梅在自己的博客中有一段论述非常贴切地阐释了“自我定位”的理想状态：“一个自我认同感高的人，他的心灵世界具备以下三个特点：一是自我一致的情感态度。能确认自己是怎样的人，知晓他人对自己稳定的情感态度是怎样的，无论独处，还是群聚，都能感觉到自己的存在，内心平静而祥和，对自己的评价稳定而高度一致。二是自我贯通的需要和能力。明确自己的需要和方向、能力和资源，能用有效的行动满足自己的需要，自信而又坚定。三是自我恒定的目标和信仰。对周围的人和事有稳定的看法，同时能够根据环境的变化随时调整，有较强的适应性。”真正找到自我，定位恰当的孩子就应当是这样的状态。

在家庭中父母既是孩子家庭支持系统的核心，又是孩子成长的组织者和助手，整个家庭是一个团队，一个是领导，一个是助手，先锋是孩子，千万不能成为孩子的对手。真正起到核心支持系统和作用有如下参考策略：一是与孩子平等交流。讨论他们关心的问题，多听听孩子的声音，即使他们说的不对，也恰恰是我们增强教育针对性必不可少的。二是欣赏孩子的成长。以欣赏的目光，以开放的心态，以平等的心境，以宽广的胸怀对待孩子的变化，想想自己成长中在这个时期的思想和行为，用那时的心理状态反思现在自己的出发点，放弃自己狭隘的所谓“经验”。三是启发指导学习提升。勤于学习、善于读书的人，认知水平一般较高，与父母交流也比较顺利，青春期的逆反较轻。因而，要围绕孩子关心的一系列问题，引导孩子学习相应知识和经验。总之，要帮助孩子找到他自己，确定他自己的定位，而不是按照家长的期望和世俗偏见规制其行为。

“早恋”说法之谬——青春岁月谁都有色彩

案例：

小刚（化学）上初二，有一天拿回来一个两个儿童亲吻的陶瓷娃娃，父母顿时紧张起来，感到如临大敌，害怕影响学习，尤其害怕影响孩子的品德。于是从早到晚，夫妻两人轮流日夜陪伴，结果还是没有挡住孩子学习的退步和性情变化。

点评：

恋爱是一件美好的事情，“早恋”是一种不科学的说法，科学的说法应当是“青春期恋爱”。因为不科学而导致的不正确理念、观点，直接引发了不正确的处理方式，并由此对孩子青春期的心理、思想和行为产生了诸多不良影响。

心理学家认为“早恋”一词并不科学。正常的爱情是在异性之间产生的，是在个体身心发展到相对成熟阶段产生的情感体验，对异性产生好感或是发生恋爱行为是青春期的普遍现象，是生理与心理发育的必然结果，不应该用“早恋”这样带有主观感情的词来描述。科学的说法应当是“青春期恋爱”或“成长早期恋爱”。这种恋爱是人成长过程的必经阶段，是青少年在性生理发育的基础上，心理转化的必然结果，如果没有这种表现反而是不正常的，问题是如何应对。

青春期是个体由童年向少年过渡的时期，年龄为12—16岁，大体相当于初中阶段。这个时期的发展与前面论述的“逆反期”重合，因此，有人称之为“困难期”“危机期”，是名副其实的“多事之秋”。

进入青春期后，生理发展进入高峰期，女性10—16岁，平均13岁，出现月经初潮；男性12—18岁，平均14—15岁首次遗精。心理发展进入矛盾期，生理快速发展使其产生成人感，心理发展相对缓慢使其处于半成熟状态。出现异性爱慕倾向的青少年，会主动接近自己喜欢的异性，双方交往频繁，相互倾心。

处于恋爱之中的中学生，往往表现出一些反常现象。比如上课分心走神，精神恍惚，学习成绩突然下降；情绪起伏大，心神不宁；开始注意打扮，突然大手大脚花钱，善于在某个异性面前表现自己；突然有人寄信、打电话来，但寄信人、打电话人不留地址、姓名；经常与某一异性频繁交往，甚至可能发生性行为。

早恋并不是一个正式和专业的词，只在中国被广泛使用，指过早的恋爱，是典型父母强势话语权的视角，带有长辈一方明确的否定性感情色彩。至于具体什么年龄算作这一范畴，有人认为18岁以下，有人认为16岁以下，有人认为大学之前，共同的观点是，在这条界线之前青少年之间发生的两性感情纠葛都是“早恋”。许多家长甚至老师不只是对青春期生理和心理变化规律的无知，还固守男女授受不亲的传统观念，认为这是不学好，是严重的品质问题。老师会将其当作非常重要的不良行为与家长沟通。亲子关系不良的父母，甚至以十分难听的恶毒字眼定义或谩骂。在我们的社会里，我们替代了孩子许多应当自己做的事情，包括正确地认识自己。我们认为儿童与成人有很大区别，对他们有着完全不同的要求，使他们完全避开成人的生活，造成了童年向成年过渡的中断，当必须过渡时各种矛盾突然爆发，并交织在一起，引发种种成长问题。

事实上，在当前的社会背景下，在中学阶段没有发生过感情的人不多，大多数都是暗恋、单恋（单相思），真正相互都明确有好感，能建立或算得上恋爱关系的甚少，这个时期的恋爱常常以失败告终，很少能够终身厮守，在未来能走进婚姻殿堂的更是寥寥无几。将青少年由于正常生理和心理发展造成的对异性的爱慕归为“早恋”，显然不科学。成长是一个过程，而且，从个体差异角度来说，出现对异性的关注的时间不可能千篇一律，划出一条界线，以此判断是非，并挥动“早恋”大棒，这样做显然是不明智的。“青春期恋爱”就是“青春期恋爱”，不存在早晚问题，只不过较青年期、成人期恋爱更为纯真和珍贵。较成年人的恋爱而言，青春期恋爱显得更为纯洁，较少涉及性和利益。人一生当中，最纯真的感情就在这段时期，那时候少男少女在一起，谈美好未来，望风聚云散，读日月星辰，看树叶在空中飞舞，听小鸟清脆悦耳的叫声……然而，此时的浪漫幸福却是短暂的。也正因为它短暂，才有后来那铭刻于心的回忆，才有珍贵的“初恋”一说。

一般认为青少年恋爱会带来很多问题，如影响青少年的身心健康和学业成绩等，这实际上是对人生理发育、心理成长过程知之甚少。青春期同时也是自我定位期，在人的一生中不可逾越，生理、心理、学习、交往等种种困惑和矛盾接踵涌来，尤其对女孩更为明显突出，但一般不会有太严重的影响。笔者赞同“青春期恋爱”是青少年对男女关系的探索和学习，为将来的恋爱与婚姻做准备的说法，一味地禁止或压抑势必强化青春期叛逆，强烈的叛逆情绪反而阻碍对正常男女关系的探索，影响科学的自我定位。

相识、相爱、相知，让浪漫的爱坚贞不渝、地老天荒，这是每个人都有的梦想，但常识告诉我们这很难。社会心理学家的研究表明，激情和浪漫的爱会随着时间逐渐冷却，而共同的理想、共同的兴趣、共同的价值观以及宽容和习惯等因素在维持感情中的作用与日俱增。相比较而言，青春期恋爱持续的时间更为短暂。

笔者觉得从科学和素质教育角度看应当容许青春期恋爱，因为熟悉与学习“恋爱”，满足青少年渴望接近异性的心理，也为将来的恋爱打下了基础。引导得好，会产生意想不到的良好效果，恋爱中的人常会在成绩上互相追赶，以取得对方愉悦与偏爱，使成绩上升；对某人有爱慕之心，从其所好，在生活中处处约束自己，以被爱慕者的标准作为生活的准绳，使原本一些不良的性格和习惯得到改正。青春期恋爱也锻炼自己的社交能力，增进人际关系。与倾慕的同学交往会缓解学习和生活的压力，获得更多的积极情绪，培养勇气与承受挫折能力。在多事之秋拥有情感上的寄托，使精神不感到空虚。在与异性交往中提高情商，培养对他人尤其是对异性的鉴别能力。

家长应当担忧的不是孩子有恋爱表现，而是丝毫没有恋爱表现；不是在恋爱中，而是出现非异性“恋爱”。到了青春期对异性没有丝毫兴趣，有可能是生理发育滞缓，情感发育不健全，非异性“恋爱”可能是性指向错误，这两种情况都应当及时寻求心理咨询师的帮助。更为重要的是，不少青春期恋爱带来不良影响恰恰是不良教育和管教造成的。对于恋爱者而言，青春期恋爱是一个既充满欢喜又充满苦闷的过程。由于对对方的爱恋，常常因为对方的苛刻要求而造成情绪变化；父母、同学、老师再给压力，会造成心理失衡；当不允许与恋人见面时，常常坐卧不安而沉迷于幻想，在幻想中乞求慰藉，所谓“相思病”即是如此。如果这种心理发展过深，少部分人会抑制不住自己的情绪而与异性发生性关系。由于青少年自我控制能力差，往往无心学习，成绩下降，是十分常见的。这既是“早恋”反对者反对“早恋”的最重要理由，也是反对者反对带来的后果。青春期恋爱对每个个体都是不能回避的，关键看如何处理。

对青春期恋爱的表现、特点和类型研究十分必要，但其目的不应为更好地控制，而应为更好地引导。对孩子的青春期恋爱，家长和老师不可冷嘲热讽、粗暴干涉，更不可限制孩子的交往活动和范围，也不可不予理睬、听之任之。正确做法应当是学习掌握必要的知识、及时掌握孩子的恋爱表现，在信赖孩子的基础上，以平等的地位与孩子交流和讨论，切实掌握孩子的一言一行；引导孩子积极处理情感波动的问题，帮助孩子处理恋爱中的困惑，教育孩子树立正确的恋爱观，培育孩子自觉地去约束自己的行动和生活，把握好青春期恋爱的行为规范和界限。必要时要对于处在青春期恋爱中的孩子提出以下忠告：一是尽量使恋爱双方在各方面，尤其在学业上相互促进；二是不能让恋爱行为给自己的身心带来伤害；三是不能带来不具备社会能力的人承受不了的严重后果。

总之，正面的引导，能使青春期成为上升期，至少有五点引导必不可少：一是为孩子的逐步成熟感到欣慰，因为养育孩子的目的之一，就是有一天看到孩子长大成人；二是告知青春期的大部分表现均属于正常，如果没有这些表现，反而让父母担忧；三是爱恋是互相吸引，想要更好地吸引优秀异性的目光投注在你的身上，你就要在各个方面表现优异，学习是学生的任务，假如学习不上进，何以吸引对方的注意；四是恋爱是俩好成一好，恋爱要有助于相互促进；五是青春期恋爱成功率较低，不是因为谁不好，而是青春期是人趋向成熟的过程，只是人走向成熟的开端，未来的成长过程变数很大，不可能发展为成熟的感情，多半是一种探索，在成熟的过程中不可或缺，从一而终的寥寥无几。

高考选择之关键——突破虚荣

案例：

笔者的儿子学业不偏科，但数理化较强，尤其是擅长物理和数学，中考时直升青岛最好的中学，学习成绩和表现一直很稳定，只要全力以赴是可以报清华的。事实是我们放弃了清华，并且没有等到最终大考试，早早以自主招生的方式拿到了北京理工大学的入门资格。许多了解情况的朋友不理解，觉得笔者的儿子完全可以努力上清华。他十分轻松地进入了北京理工大学理学院，又在大一第二学期进入中科院物理所的课题组，并且成为北京市大学生新能源创新课题组组长，最后申请到美国布鲁克海文国家实验室全额奖学金的物理学博士，目前在硅谷苹果总部工作。

点评：

“高考”事实上只是一个人生命程序中的一个环节，应对策略比“减压”更重要。

长期以来，我国的考试录取制度是有些不公正的，在北京考生与外地考生录取政策不平等的情况下，笔者儿子的水平和分数，可顺利进入清华的门槛，却没有十足的把握保证物理专业。选择的学校与自己的方向和目标不相符，只是满足了虚荣心，对未来发展不利。笔者的观点是人才可能是用对了的垃圾，垃圾却可能是用错了的人才，高考志向的选择首要的考虑要素是个性及未来发展。

始于隋朝至清朝1300多年的为官科举制度虽然宣告终结，但通过科举寻求仕途及其他社会地位的传统观念根深蒂固，加上就业的文凭门槛，致使高考一直是家庭教育、学校教育的指挥棒。然而，社会是进步发展的，只要大学够多，人人都有上大学的机会，只要大学文凭对就业不再重要，只要高考成为一年四季随时都可以报考的标准考试，它就将成为一件很个人的事。但在目前的教育制度、体制、机制没有根本变革的情况下，应对高考仍然是高中阶段的重要任务。从上高中一直到高考结束，学生和家长天天担心，时时惶恐。高悬的剑在头顶，沉重的包袱在身上。对于高考至少有四个问题需要考虑。

一是把应对高考当作一个过程而不是一次考试。每个参加过高考的人多半会有一种“曾经沧海难为水”的感觉，问题就在于没有处理好结果和过程的关系。重要的不是结果，而是过程；重要的不是目标，而是具体的行动。真正理想的结果，恰恰是只管过程，不问结果。事物真正的价值在事物的发展过程中，有价值的过程，必然导致有价值的结果。因此，除了尽快适应高中的教学方式外，应对策略有三：策略之一，扎实完成课标，并创造性地发挥自身优势；策略之二，把着力点放在知识的系统掌握上，而不是成堆知识点的记忆上；策略之三，把重点放在每次考后问题的解决上，而不是考前突击复习上。

二是对高考的目标定位要科学。本书第一章就说过，有理想有抱负就会有目标，有目标才会有行动。显然目标是重要的，对高考来说更是如此。然而，任何行动的起因永远都是思想，有什么样的思想观念，对于高考的目标定位至关重要。上大学真的很重要吗？事实上不一定，许多没上大学的不一定没出息，问题是大部分人都把上大学视为成功，尽管上大学与成功不能画等号。如果只把上大学作为人生选择的一个机会，且不是唯一的机会，高考对家长和学生似乎不应该有太大压力，也许在高中阶段许多人就已经找到了不止一个兴趣和发展方向。如果把上大学作为人生的必经路径，多多少少会有压力，压力就会提上日程。如果目标定位不科学，任何教育学、心理学的减压方法都将苍白无力。如果定位科学合理，压力至少减半。从哲学和心理学角度看要做到三点：首先，目标定位应当是一个从最低到最高的系列，可分为高、中、低三个层次，每个层次有几个学校选择，多个层次众多选择项总有一款适合自己；其次，最低目标应当百分之百在自己的最低能力范围内，而且要多处着眼，低处着手，心理准备就是考上最低层次的学校，而且即使最低也有多个选择机会，比如说三类大学或职业学院；最后，目标定位要早，最好在高一，一旦定位随即彻底放下，家长和孩子不再自寻烦恼，以免高考之剑时刻高悬。

三是对高考的方向选择要符合自身的特殊性。大学的选择是大多数学生和家长困惑的问题，顺其自然的有，盲目选择的有，选择失误的有，选择不符合自己特长的也有。学校的意见一般是家长和学生的重要参考，而他们的意见更多考虑升学率及名校影响，并非最佳方案，这就给学生自己和家庭提出了挑战。在选择的学校与专业方面，应当充分考虑自己的目标方向和目标高度，高、大、上并非一定对最终结果有利。高考选择是考验人们价值、荣誉、成功等观念的关键时期，应当注意两个重要问题：一是方向指向问题。有的学生思维能力有限，分析问题的能力不足，不适合理论分析和科学研究，即使考上大学，也不一定能成才。但如果其动手能力强，选择攻读专科学院，却有可能成就精工梦想。二是相对高度问题。要考虑在什么高度能使自己的能量发挥到极致，在勉强达到的高度上，如果不能发挥自己的长项，得到的只是荣誉，对自己的长远目标可能是灾难。大学或志愿的选择至少有三个原则：原则之一，看经济社会发展趋势。一个人的命运首要决定性因素是世界的发展走向、国家的发展战略，大学及大学后的择业与此息息相关，比如说产业调整方向、行业发展前途、职业发展潜力。原则之二，看自己的长处。在不能兼顾的情况下，选择名牌大学并不比选择与自己长处吻合的大学更好，因为人才有时是用对了的垃圾，而垃圾有可能是用错了的人才。要确保自己擅长的专业放在第一位，把学校的选择放在第二位。原则之三，在专业确保的情况下，地方应当是首选，因为经济、文化、学术的环境和氛围对大学学习的影响极大。条件好的城市，每周都会有学术会议，甚至一周有多次。而条件较差的城市，半年也不会有此类活动。然而，大学期间的社会活动远比课堂学习重要得多，在北京、上海等中心城市参与社会活动得到的锻炼要远高于其他中小城市。

四是科学地对待考前摸底，找准自己的位置。高考前的摸底是个大多数人认为非常重要的问题，需要重点探讨。当前，我们高中的摸底方法与摸底的功能有明显矛盾。对于高中生自己来说，毫无疑问摸底的基本功能是摸清自己各门课程学习的底子。但学校普遍的方法是老师引导学生集中复习，然后进行摸底考试，并以此判断学生摸底考试的名次和水平。事实上，这样的方法摸到的底子，并不是自己的真实底子，有一部分是老师的，有一部分靠瞬间记忆的内容会在一段时间后遗忘的，更糟糕的是学生自己的不足之处往往被掩盖。因此，常常出现摸底靠前的学生，高考时却在后面。科学的方法应当是，在老师引导集中复习前进行摸底，然后老师再针对普遍性问题集中辅导，学生自己有针对性地复习自己的不足部分。科学认识摸底的功能，发挥好摸底的作用。儿子高考前，我们有一次谈话，主题就是摸底的功能与对策。笔者的意见是高考前摸底是要摸出自己的真实底子，那么，就不能跟着老师集中复习，仍旧按照自己安排的节奏全面学习，打牢基本功。摸底考试后，再找准自己的问题，有针对性地一一解决。基本的价值判断是，摸底是摸自己的底，摸底时出的问题越多越好。最忙的时候不是摸底前，而是摸底后，因为摸底后的复习有很强的针对性。笔者的办法是在自己平时认真学习的基础上，老师组织集中辅导数学时，你就复习英语，不要与老师辅导的课程相同。儿子说："大家在教室集中听辅导，我没有地方去。"笔者说："可以训练心理避听、心理避看。"结果考前一摸二摸，笔者儿子的成绩在班上明显靠后，但高考结果却明显靠前。他真的看到了自己的许多不足，并有的放矢地一一解决了。

大学之殇——步入休养之旅

案例：

张晓（化名），青海一个地级市理科高考状元，考入北京一所名牌大学。大二开始与比自己大一届的同学谈恋爱，晚睡晚起，经常旷课，期末考试两门不过。两个月的心理咨询后，略有好转。随后再一次旧病复发，竟然长达一个月旷课，面临退学风险。再一次心理咨询中了解到，同宿舍4 人，3 人不能正常起居上课，早上9 点、下午3 点起床是家常便饭。他说自己总是提不起精神，也看不到几个同学认真学习。

点评：

18 年的呕心沥血，18 年的任劳任怨，父母们盼望孩子们能考上大学，光宗耀祖，事业有成。但如今的大学生活现状远远超出了父母们的想象。

自源于汉朝，创始于隋朝的科举开始至今，中国一考定终身的制度并无实质上的改变，毕业容易考中难，一直是人所共知的事实。正是这一事实使得人们认为一旦跨进大学校门就算进了“保险箱”。然而，大学生和大学生不一样，大学可以是一个任意挥洒青春的地方，也可以是养老的地方；大学可以是象牙塔，也可以是市井；大学可以是研究所，也可以是恋爱角斗场。有的人大学 4 年成就辉煌，有的人大学 4 年毫无长进，关键看你如何选择。

大学生作为一个特殊的社会群体，由于其生活环境、活动的主要目标和特点、所处的社会地位以及他们对社会的认识等方面与中小学阶段完全不同，学习的专业性和生活纯粹自主性，使其在心理状态、心理特征、心理倾向、心理发展等方面亦会表现出这个阶段的特点。

一是强烈的求知欲望。大学生作为一个普通的社会成员，无论是追求个人未来高质量的生活，还是实现其社会价值和理想，都需要以知识和能力为基础。绿荫长廊传来书声琅琅，学校网站及教学楼前广告栏上各种学术讲座海报、英语角攒动的人流、图书馆的借书长队、实验室里师生共同探究的画面，这一切和一切，都让大学生置身于知识海洋中，珍惜这 4 年学习机会并有效运用时间的孩子，会成为一个真正拥有知识财富的巨人。

二是强烈的参与意识。这个时期的孩子们，生理正值热血沸腾岁月，心理上社会性的发展和成熟，日益强烈的社会责任感和历史使命感，促使他们积极参与社会政治、经济、文化等活动，如“希望工程”的捐款、捍卫祖国主权和尊严倡议、社会发展和问题讨论、社会志愿者等。绝大多数的在校大学生都希望能够担任一些社会工作或参加各种社团活动，通过参与各项活动来表现自己的才能，获得他人的赞许，以满足尊重的需求，也在一定程度上使自我得以实现。

三是强烈的情感和交友需要。远离家乡父母过着集体生活的大学生们，失去了以前那种他自己常常不在意的父母的无微不至的关怀，突然感受到了背井离乡的种种困境，能否尽快建立起自己的同学支持系统，在与同学自主平等交往中形成独立的人格，并获得尊重和归属上升到重要地位。因此，渴望友谊和情感交流是大学生心理的一个重要特点，是获得归属感的需要。

四是强烈的独立意识和创新精神。从马斯洛的需求层次理论分析，大学期间学生们自我实现的需要逐渐强化。由于身心发展趋向成熟，也由于知识海洋的激荡，使得他们各类知识和经验迅速积累，想象力日益丰富、创造力日渐显现，他们摆脱了父母的束缚，也试图摆脱传统的桎梏，越来越愿意追求独立意识，越来越有自己的主见；他们会有种种新的想法，而且处在不停的变换之中，行动力强的人会踏着坚实的步伐，为这些理想而努力奋斗。

大学是人生当中一段重要而特殊的经历，它不仅是你人生观、世界观、价值观形成的重要阶段，还是人一生当中为数不多可以改变未来的机会。从某种意义上讲，拥有一个怎样的大学生活，将可能决定你今后以怎样的姿态步入社会。因此，充分利用好大学的时光，从内心深处走进象牙塔，感悟它带来的点滴，用责任与理性重塑自我显得十分重要。

儿子上大学时，笔者和他有一次谈话，笔者告诉他：孩子长到 18 岁，应该独立生活，即使是上大学也要自己打工赚取学费和生活费。目前还很难做到，因为中国的传统文化和社会环境不允许。然而，即使是在中国目前的背景下，也要对大学有一个清醒的认识。

上了大学只是拥有了一张远行的车票，你可以背上行囊去探险，也可以放弃追求去旅游，不同的选择会有不同的未来等着你。大学是一个能任意挥洒青春脉动的地方，是一片自我发展或自我种植的广阔天地，因此，大学可以是成长硅谷。正如著名社会学家费孝通所说："各美其美，美人之美，美美与共，天下大同。"大学也可以是一个终结努力、自我满足的地方，也有人在那里休养生息，以弥补前 12 年的艰苦努力。你可以是"九三学社"（早上 9 点起床，下午 3 点起床）成员，也可以是实验室实验员，你可以是同学的老师，也可以是个别老师的老师。

每个人都有自己的大学生活，但大学生和大学生之间有天地之差。那些能通过经验积累和教训的汲取仍保留独立意识和创新精神的人，欣赏别人的长处，弥补自身的不足，看到理想的美好，也看到现实的距离，他们会理解、会接受、会奋斗，他们一定是时代的弄潮儿。而那些始终走不出狭隘"自我"的人，不会有"泰山不弃抔土、河海不择细流"的胸怀，只会纠结于种种不满而一生平淡。

不少有思想的人在《教学与教育》上讨论"大学现状"时提出批评，说我们现在的大学，是学生休养、玩乐的驿站，是 12 年冲刺后放松寻欢的地方或阶段。其实大学之所以叫大学，就因为它是人提高自己的重要领域，是求知完善的神圣殿堂。批评者的批评是符合事实的，而深究原因，除了当今中国教育制度、体制、机制及大学无法提供个性化选择，只能提供流水线产品外，还有两个最重要的原因：其一，12 年的畸形学习，耗尽能量；其二，个人无独立自主意识和行动，在完成父母期望后不知干什么。

有一句话说："人的能量是巨大的。"那么为什么一个个小学时的天才精灵，到初中时就平淡无为？为什么高中的考场斗士，到大学就成了欢乐玩家？这是因为所谓能量巨大，只是针对未知能力的挖掘而言的。任何事情都有个度，人的一生能量是有限的，积极地扩展正能量，减少负能量，合理安排使用能量，是成长策略和重要内容。在人成长历程的一定阶段，人发展的能量及扩展的能量是有限的，在这个阶段使用的能量要与扩展的能量基本相当，才能确保健康可持续发展。一个人先天的智力、体力与心力之和应当是其基础能量，后天的能量是扩展正能量与自生负能量之差，如果在一定时期使用的能量过多，势必造成下一个阶段动能不足，发展滞缓，如果此时再遇到其他或生理、心理等不良因素影响，有可能出现停止或退行性变化。所以，质、量、度的把握，在人的发展过程中也十分重要。

大学是青春浪漫的，但不是一帆风顺的。要准备经受学习和生活上的种种困难与挫折，尤其是思想上的挫折，只有当你们能够以乐观的态度承受学习和生活的压力，并能够通过学习与合作克服困难时，才能真正享受到大学生活的曼妙和愉悦。

在笔者看来，认识论、实践论和逻辑学是一致的，三者统一于同一个客观规律。逻辑思维是大学生学习的基础性工具，在大学阶段如果能熟练掌握逻辑思维，一定能扩展到辩证思维。成熟的大学生通过课堂教学和社会实践，会很快认识到：所谓知识不只是大家理解的已有理论、体系和成果，而应当是一个动态认知体系，包括认知的学理性成果、认知的获取性过程以及认知的问题和条件发现，分别对应陈述性体系框架、过程性步骤方法、条件性问题分析。即使是学理性的成果，也应当是一个不断变化的动态体系，不然就无法解释宇宙起源知识的不断更新。

大学的学习应当以认知的获取性过程为基础，以认知的问题和条件发现为重点，而不是停留在学理性成果上，否则，大学四年将一无所获。世界上任何事情都是因果链条上的一个点，既是下一环节的因，又是上一环节的果，对上一个果的主动研究和探索，在一定条件下就能发现新的结果。这才是自觉自为的科学行为，一个简单的方法，探求因果的逻辑方法，就可以塑造自己的科学精神和智慧特点。

所以，真正的知识是“认知”，真正的大学学习过程是获取性过程，真正的优秀大学生是能够发现问题并通过设置条件解决问题的大学生。不应单靠学好学理性成果就可以顺利毕业，而应更加注重学生们的探索和研究过程。

不吃眼前亏之灾——因果铁律

案例：

美国留学生综合教育机构在波士顿发布了《2015 留美中国学生现状白皮书》，数据显示 30 万留美中国学生，有 8000 名遭开除。其中 57.6%因为学业表现太差，23%因为学术不诚实，表现为抄袭、考试作弊或协同作弊、代考替考、成绩造假、想改成绩未遂等，有的遭起诉，甚至可能面临几十年监禁或几十万美元罚款。有九成中国申请者推荐信造假，70%请别人代写陈述论文，50%假冒高中成绩。当然，假的就是假的，伪装终被剥去，这些人最终未能如愿，不知道这些孩子的父母会作何感想。

点评：

人类社会和自然界一样遵循能量守恒定律，只有付出才能真正得到。不想让孩子吃小亏，最终可能吃大亏。

许多家长困惑：让孩子做好事、做好人，在学校和社会上总是吃亏，不知道是应该教孩子选择做好人，还是选择“现实”和“功利”。这确实是一个现实矛盾，有这样困惑的家长不在少数。有些家长为了让孩子不吃眼前亏，放弃了正义、公平、诚实和善良。结果却让孩子相信了功利，错把对自己有利当成有价值，又把这样的价值当成价值观核心内涵，以有用平衡真理，在有用、眼前不吃亏与事实、真理、规律之间画等号。还有些家长为防止孩子吃亏，教孩子示强，教孩子掩盖真相，教孩子建立庸俗关系。然而，当孩子出现撒谎、欺骗、打架、斗殴、虚伪的行为时，又会感到回天无力。

我们总是以拥有的东西，特别是物质的东西的占有来看待成功，却很少有人知道得到总是与失去如影随形。一样东西的得到总是因另一样东西的付出，如果真的有不付出的收获，那一定是无妄之财。如所谓“七宗罪”，宗宗均有恶果。换句话说，想要得到某种东西，一定要以另一种东西的付出与之平衡。在英语中所谓“负债”就是“balance sheet”，直译就是“平衡表”，得到和失去是一个事物的两个侧面。如果说有无须对等的东西的话，那就是你拥有的无形资产，如健康的心理、宽阔的胸怀、感恩的心态、善良的心地、乐观的态度和坚忍的性格。

不管国家发展到什么阶段，不管文化和价值如何多元，不管社会多么浮躁，人本、善和、博爱、诚信、平等等，永远是全人类共同遵守的道德规范。一时的吃亏不叫吃亏，叫信念坚定。善良之人，不怕别人施恶念，因为深信恶有恶报，一时未报，时候未到，反而怕其发现自己的善良而窘迫，善良的思想，善良的愿望，从善之行为，终究会有善果；不善之人，不怕别人善良，因为深信人不为己，天诛地灭，反而怕别人发现自己的恶念而尽力掩藏，实际上这点小手段迟早会暴露在阳光下，也可能已经在阳光下，只是自以为隐秘。

在孩子的学校生活和社会交往中，常常会遇到孩子一身正气可能会吃眼前亏，孩子要奸撒泼却可能不吃亏。于是在溺爱和浮躁的社会环境中，有不少家长选择后者，而且从语言到行为时时处处给孩子做出了投机取巧占小便宜不吃亏的表率。然而，因果律在任何情况下都是不以人的意志为转移的，它一定会在不知不觉中发挥作用。有一句话很富于哲理，不吃眼前亏如果放弃的是公平正义和做人品格，一定会吃身后亏，且可能是大亏。

孩子的行为模式逐渐形成，而且难以更改，为了不吃眼前亏，他习惯了放弃正义，习惯了放弃原则，他学会了看风使舵，学会了投机取巧，学会了明哲保身，学会了先己后人，他成了一个既虚伪又自私、既无正义感也无责任感的人，甚至对自己的父母子女也是如此，当自己年老体衰的时候，他们尝到了自己酿造的苦酒。

在物欲横流的现实社会中，要守住做人的底线，要引导我们的孩子在什么情况下都当好人、做好事，不要怕吃小亏，不要争一时之利，要见贤思齐，至少不要放弃“良知”。

小聪明之病——大智慧笑到最后

案例：

元元（化名）是个非常机灵的小男孩，不论在家还是在外面，他总能得到他想要的东西，上学后尽管不停地调皮捣蛋，甚至做一些逃避责任、扯皮撒谎的事，却很少挨批评。他母亲感到特别自豪，总是夸孩子机灵。事实上，小伙伴总是说元元爱抢风头，自己做了错事想办法推给别人，老师还总袒护他。

点评：

机灵未必真聪明，木讷未必没智慧，教育孩子应培养大智慧，杜绝小聪明。

在现实生活中，常常会有这样的孩子，人们称为“机灵”“精神”。他们总是给人“聪明”的印象，在人群中也总是占尽风头，有些父母羡慕不已，抱怨自己的孩子笨拙木讷。然而，同伴们却不以为然，常常对其嗤之以鼻。小聪明和心思都用在了小事上，大事上未必能占上风，只有那些不计小事拥有大智慧的人，才有可能成为真正的强者。

智慧，被称为“大”，因为有海纳百川的气度，有大音希声的沉稳，有贫贱不能移的操守，有富贵不能淫的坚持，有威武不能屈的底线。聪明，被称为“小”，因为只顾眼前，只看私利，浮躁而又肤浅，功利而又势利。有宽广的胸怀，才会有端正的态度；有做人的原则，才会有正当的行为。要引导孩子目光长远，大度宽容，对人对事气定神闲，淡看庭前花开花落，面对形形色色的诱惑目不斜视，坚决纠正小肚鸡肠、争强好胜的行为，杜绝蝇营狗苟、追名逐利的行为。

大智慧常常显得笨拙木讷，事实是质朴淳厚；小聪明却总是显得伶俐乖巧，事实是浮躁虚假。因此，大智慧桃李不言，下自成蹊，正所谓“大智若愚”；小聪明每每取巧，上天不佑，正所谓“眼亮心迷”。一个不容易忽视的现实是，大智慧却并不总比小聪明受人待见。大智慧不趋利、不媚俗、不从众，却往往因曲高而和寡，不显山不露水，甚至被人遗忘、冷落；小聪明却往往左右逢源，吃香喝辣。然而，时间是最好的见证。任小聪明活得再怎么风生水起，却总是一个死结无法解开，那就是：聪明反被聪明误。玩弄小聪明者，到头来总难免搬起石头砸了自己的脚。教孩子拥有大智慧，自然应当看大看远，要耐得住寂寞，禁得住虚荣，不在意世俗的眼光，不在意一时之荣华。只要有远大理想，就不会在乎一时之得失。在小聪明和大智慧的较量中，大智慧总是笑在最后，而且笑得最好，大智慧之人总能划动沉舟侧畔之千帆，总能看到病树前头之万木。

人生是个大学问，需要大智慧，而智慧所关注和研究的无非是人与自然的关系、人与人的关系、人与自我的关系，培养大智慧说到底是知天、知人、知己。当代中国，有些父母，尤其是祖辈总是试图为孩子提供最完善的养育环境，包办、替代、过度保护较为普遍。然而，这样的环境在人与自然、人与人的关系中是不存在的，真正进入现实的关系中，孩子们就会出现种种不良反应。家庭的环境应当是浓缩的人与自然、人与人、人与自我的现实关系，不要试图刻意改变这种客观关系，否则会对孩子的世界观、人生观、价值观的形成产生不良影响，造成孩子思想的营养不良，聪明的做法是引导孩子处理好三个关系。知天不看其繁，要亲近大自然，了解大自然，个人行为与外在自然要一致。知人不限其表，由修己出发以安人，通过自我完善，促进互相尊重、互相信任。知己不求其巧，但求自知而自明，切忌机会主义、看风使舵。了解自己的体力、智力和心力，掌握其平衡；了解自己的人格类型、自己与生俱来的气质，重视后天性格之养成，掌握切合自己的修身养性方式方法，真正实现身心和谐与健康。

智慧和聪明是两回事。聪明指的是一个人在能力方面的素质，例如好的记忆力、理解力、想象力，反应灵敏等。具备这些素质，再加上主观努力和客观机遇，你就可以在社会上获得成功，成为一个能干的政治家、博学的学者、精明的商人之类。但是，无论你怎么聪明，如果没有足够的智慧，你的成就终究谈不上伟大。也许正是因为这个原因，自古至今，聪明人非常多，伟人却很少。

智慧不是一种才能，而是一种人生觉悟，一种开阔的胸怀和眼光。父母应当引导孩子认识到这一点，小到考试，大到做事，一个人在社会上也许成功，也许失败，如果他是智慧的，他就不会把这些看得太重，而是站在人世间一切成败之上，成为自己命运的主人。

穷养富养之争——奇谈怪论

案例：

娜娜（化名）出生在一个并不富裕的家庭，父母望女成凤，又信奉女孩富养理念，以为只有富养才能使女儿显得雅致、有品位。于是，竭尽全力创造富养的一切条件。却不知欲壑难填，看上去十分乖巧的女孩，却越来越娇纵任性、性情乖戾，到了13岁家里花完了所有积蓄，再也没有条件富养了，为了满足自己日益膨胀的欲望，结交了社会青年，逃离了学校。

点评：

教育孩子要充分考虑性别、生理特征，共性的基础教育方针不应绝对对立。

不少人信奉“穷养男孩、富养女孩”的说法，然而，如果不赋予特定含义，这个说法一定是个伪命题。任何论断都只有在一定条件下才成立，“穷养男孩、富养女孩”是典型的形而上学极端观念，在实践中贻害无穷。当穷养长大的男孩遇上富养长大的女孩，两种极端方式教养弊端将暴露无遗。毫无疑问，对男孩、女孩要有不同的教养策略，要充分考虑其性别特征，但都是在一般正常人正常教养基础上有所侧重，而不是非此即彼。

在荷兰，社会公认的理念是“再富不能富孩子”。很多孩子从小到大穿的都是亲戚朋友的孩子穿小了的衣服，干净整洁就好。上学后孩子的零花钱与孩子的年龄相同，9 岁 9 欧元，12 岁 12 欧元。如果孩子想买多余的东西，就要自己课外打工，如送报纸、发广告、去餐馆洗碗、做小物件搬运、做社区服务等。

根据性别实施不同养育方式是可取的，因为这已经附加了特定条件。对于任何人，只有享不了的福，没有吃不了的苦。穷与富如果理解为多关注与多放手似乎更为妥当。如果理解为提供的物质生活条件，本身就存在严重的认知问题。

零花钱之有无——事关价值观

案例：

同事的孩子花钱大手大脚，看上去与富豪之家的孩子没什么两样，可是孩子的学习和表现却非常一般。到同事家串门，发现书桌上、茶几上、三角柜上到处都放着钱，显然，这个家从来不考虑要不要给孩子零花钱的事，好像根本不缺钱。

点评：

关于孩子的零花钱问题是个全球性的问题。我国大多数家庭是独生子女，家长不管穷富对孩子都宠爱有加，给孩子零花钱也成为中国人娇惯孩子的习惯方式。有调查数据表明，中国家长给孩子零花钱占收入的比例要远高于欧美。然而，小孩零花钱有无、多少及使用往往与人生态度、价值观密切相关。要不要给、怎么给、给多少、怎么管理、怎么使用，是很多家长关心的问题。

有自己可支配的零花钱，对孩子们来说很有诱惑力。不过，给零花钱并不是所有家庭的必选项，许多家庭并不认为给零花钱是必需的，不给孩子零花钱或很难得到零花钱可能是未来孩子自我奋斗的动力。德国银行业协会的调查显示，德国 28% 的 13—18 岁青少年竟没有一分零花钱，每天零花钱不到 1 欧元的也占 46%，每个月得到超过 100 欧元零花钱的青少年仅有 4%。许多国家的不少家长也不专门给孩子零花钱，中国也有不给零花钱的家长。有许多家长认为，不给孩子零花钱，是让他们知道金钱来之不易，以后花钱时，就会懂得如何规划，花起钱来才有责任感，至少对自己负责。笔者也是没有专门给过孩子零花钱的家长，笔者觉得当孩子在需要用钱的时候，例如需要买书、午餐、乘车、同学聚会、公益捐赠等才向父母要钱，在将来会更倾向于懂得理财，而且也是笔者对其金钱观念教育的好时机。因为孩子不得不考虑哪些东西才是必需品，才是真正需要用钱来买的，觉得在真正需要时向家长要钱的孩子，比起习惯取得零花钱的小孩，在成长之后，一般有较高的理财和金融知识，也会有更科学的人生态度。事实上，笔者觉得学习和生活中必需的如吃饭、穿衣、交通、书籍、手工材料、课外兴趣爱好等花销不叫零花，大人给的如果是这些花销，再加上以防应急之需的钱，并引导孩子科学安排和使用，那将是非常明智的。所谓零花钱只是孩子们除了生活和学习花销外，额外购买的糖果、点心、玩具及其他可有可无的儿童奢侈品，而这些东西没有更好。

很多富有的家庭，也不会给孩子过多的零花钱，也不主张给孩子用名牌，他们基本的观点是家里钱多是大人挣的，与孩子无关，孩子的过多消费和花销要靠自己挣，他们一般会引导孩子靠劳动获取自己的零花钱。德国有一条不成文的规定，孩子从 6 岁开始，就应该帮助家长做家务。家长可以根据孩子做家务等情况，决定是否给孩子零花钱和给多少。当然，不同年龄的孩子做家务活也有差异：6—10 岁，一般就是帮父母洗碗、扫地、买东西等简单的活儿；10—16 岁，则是剪草坪、扫除等；16 岁以上，就可以做成年人的活儿了，比如洗汽车、修理家具等。如果孩子零花钱不够，还可以在社区打零工。调查显示，为了参与更多的校内外活动，1/3 德国青少年会去打社区零工，有的还不止打一份。显然这样做首先培养了勤劳的优秀品格，同时，也让孩子学会了精打细算，这要比无原则、无要求地给孩子零花钱科学得多。

许多家长根本做不到根据实际需要给零花钱，而随手可拿到的钱无论如何无法驱动孩子的奋斗意识。有些家庭往往为了保护孩子的面子，硬着头皮给孩子准备零花钱，而正是这种虚荣心，给了孩子实实在在的依赖感，反而丢掉了自己家庭原本具有的激起孩子穷则思变、勤奋努力的优势。还有的家庭给不给孩子钱、给多少往往与学习成绩挂钩，这让孩子觉得学习是为父母学的，并不是自己的责任。

给孩子零花钱问题事关人生态度，引导孩子科学地使用零花钱事关价值观和生活能力。无论在哪个文化背景下，如果要给孩子零花钱，其条件设置必须在孩子应尽责任外，属于额外付出的奖励或报酬。只有来之不易的金钱才会让孩子更懂得珍惜，这样的金钱获得过程会让孩子们知道要独立生存、安排好自己的生活和发展，就要想办法自己挣钱。因为来之不易，孩子们早早就学会储蓄和计划，也不会忘记有时间、条件时会通过劳动、服务等开辟自己的财源，增加自己的积累。聪明的父母为了让孩子不只考虑自己，还有意识地干预孩子零花钱的使用，如引导孩子除用于自己需要外，还多多少少给父母、亲友购买生日、节日礼物，参与社会小额捐赠。确实有些孩子会将自己的零花钱一部分用于自己日常需要，一部分捐给慈善机构，甚至一部分为将来买车，或读大学攒钱等。这种做法，对孩子长大以后的独立能力有好处，不仅不会过分依赖父母，不会“啃老”，还会时刻想着父母的感受和社会的需要。

结束语

笔者的专业基础是哲学，硕士研究方向是现代西方哲学人文主义思潮，这让笔者有机会重点关注教育和心理研究的人类遗产，用哲学思维方式研究教育和心理，并广泛涉猎伦理学和社会学对教育理论和实践的影响。笔者的大学学位论文研究的是程朱理学与黑格尔哲学比较，硕士学位论文研究的是杜威认识论。哲学的学习和教学给笔者的宝贵财富是思考，逻辑学习和教学给笔者的宝贵财富是较为严谨的分析方法。撰写这本书源于对子女教育的热爱，源于复兴民族文化传统的梦想，源于自己早年的生活经历及教育儿子的实践，更源于对当代教育问题的反思。

本书涉及大量中西方名著，大部分是笔者大学和研究生期间精读过的，少部分是撰写本书最新学习的。反思自己成长的复杂经历和亲子教育对本书有较大影响，但由于有哲学和逻辑工具，还是尽力避免了形而上学片面化和狭隘的经验主义羁绊，书中许多观点和理念本身就是对形而上学观念与狭隘经验的分析和批判。

本书撰写除了运用多年的哲学、心理学、社会学、伦理学学习研究体会，还参考了许多已经出版的教育方面的书籍和文章，有些书是经验化甚至片面的，但却有些闪光的思想给了笔者重要启示，还应当提到的是有些精彩的微信、博客、短文也对笔者的创作产生了不小的影响，一并表示感谢。

参考书目

[1]［英］约翰·洛克．人类理解论［M］．关文运，译．北京：商务印书馆，1959.

[2] 论语·大学·中庸［M］．李浴华，马银华，译注．太原：山西古籍出版社，2003.

[3]［美］约翰·洛克．理解能力指导散论［M］．吴棠，译．北京：人民教育出版社，2005.

[4] 孙叔平．中国哲学史稿［M］．上海：上海人民出版社，1980.

[5] 康桥，秦悦主编．［美］约翰·杜威．教育即生活［M］．上海：上海辞书出版社，2014.

[6]［美］约翰·杜威．我们怎样思维·经验与教育［M］．姜文闵，译．北京：人民教育出版社，2005.

[7] 石述思说中国［M］．北京：九州出版社，2013.

[8] 苏本禄．颠倒看世界［M］．北京：企业管理出版社，2012.

[9]［奥］西格蒙德·弗洛伊德．弗洛伊德后期著作选［M］．林尘，张唤民，陈伟奇，译．上海：上海译文出版社，1986.

[10]［美］赫伯特·马尔库塞．爱欲与文明——对弗洛伊德思想的哲学探讨［M］．黄勇，薛民，译．上海：上海译文出版社，1987.

[11]［瑞士］让·皮亚杰．发生认识论原理［M］．北京：商务印书馆，1981.

[12]［英］休谟．人类理解研究［M］．关文运，译．北京：商务印书

馆，1957.

［13］［苏］B. A. 苏霍姆林斯基．怎样培养真正的人［M］．蔡汀，译．北京：教育科学出版社，1992.

［14］［法］卢梭．爱弥儿［M］．天津：天津人民出版社，2008.

［15］［英］约翰·洛克．教育漫话［M］．傅任敢，译．北京：教育科学出版社，1999.

［16］［美］K. T. 斯托曼．情绪心理学［M］．张燕云，译．沈阳：辽宁人民出版社，1986.

［17］蔡元培．中国人的教养［M］．周瑶，译．成都：四川出版集团，天地出版社，2012.

［18］［瑞士］让·皮亚杰．儿童道德判断［M］．1984.

［19］陈竞芳．家庭教育中父母角色定位探究［J］．牡丹江教育学院学报，2008（2）.

［20］智慧父母成长家园［J］．爱心妈妈，2010－10－09.

［21］北京师范大学教育学部钱志亮现代教育讲座讲稿.

［22］朱智贤．儿童心理学［M］．北京：人民教育出版社，2003.

［23］［美］施泰伦．西方现代心理学派别［M］．北京：人民教育出版社，1962.

［24］证严上人．静思语［M］．台北：慈济文化出版社，2005.

［25］丁松．哈佛心理全书［M］．北京：朝华出版社，2009.

［26］张首映．学问以问为主［J］．人民网·人民日报，2013.

［27］［美］布里尼克，［英］克里．自我与人格特征［M］．李波，译．北京：北京大学医学出版社，2008.

［28］［奥］A. 阿德勒．自卑与超越［M］．黄光国，译．北京：作家出版社，1986.

［29］［加］哈维·得奇道夫．情商课［M］．蒋宗强，译．北京：中国商业出版社，2012.

[30] 傅佩荣．哲学与人生［M］．北京：东方出版社，2012.

[31]［丹麦］乔治·勃兰兑斯．尼采［M］．北京：工人出版社，1985.